Václav Klaus
und Jiří Weigl

VÖLKERWANDERUNG

Kurze Erläuterung der aktuellen Migrationskrise

Aus dem Tschechischen übertragen
von Andrea Schneider

Edition Sonderwege

Mit freundlicher Unterstützung des

FORUMCAROLUS
Think-Tank für ein neues Europa

INHALT

VORWORT ZUR DEUTSCHEN AUSGABE

Der massenhafte Zustrom von Migranten aus dem Nahen Osten und Nordafrika nach Mitteleuropa, insbesondere nach Deutschland, riss auch in den Wintermonaten des Jahres 2015/16 nicht ab. Im Januar 2016 kamen sogar mehr Migranten aus der Türkei nach Griechenland als im Juli 2015. Das hatte niemand erwartet. Die Folgen sind unabsehbar: Massenbewegungen dieser Art werden Europa auf Dauer ins Chaos stürzen, in die größte Krise seit dem Ende des Zweiten Weltkriegs. Aber das Problem betrifft uns nicht erst in ferner Zukunft, sondern bereits in der Gegenwart. Die öffentliche Stimmung und die politische Lage in der gesamten Europäischen Union, aber auch in den einzelnen Mitgliedsländern, wandeln sich grundsätzlich.

Wir, die Autoren dieses Buches, haben uns im Laufe des vergangenen Jahres mehrmals öffentlich zur aktuellen Migrationskrise geäußert – in Form von Artikeln, Interviews und Vorträgen. Daraus entstand die Idee, unsere Ansichten auch in Form eines durchaus schmalen Buches darzulegen. Nur eine »kurze Erläuterung« zum Verständnis der aktuellen Lage wollten wir schreiben.

Die tschechische Ausgabe dieses Buches vom November 2015 sowie deren wiederholte Nachdrucke waren schnell vergriffen. Die Idee zu einer inhaltlich identischen deutschen Ausgabe (auch eine englische und eine französische Ausgabe sind in Arbeit) kam uns nach Reden und Vorträgen, die wir in Deutschland, Österreich und in der Schweiz zur Migrationskrise gehalten haben. Die drei Monate seit Erscheinen der Originalausgabe sind schnell vergangen, aber die Ereignisse dieser Zeit geben uns keinen Anlass, irgendetwas an unserem Buch zu ändern.

Alles deutet darauf hin, dass die Migrationswelle unserer Tage in historischer Perspektive wahrscheinlich nur mit der Völkerwanderung vergleichbar ist, die vor 1500 Jahren das antike Rom zerstört hat. Wir wollen keineswegs nur Katastrophenszenarien an die Wand malen oder populistische Stimmungsmache betreiben, wenn wir sagen, dass es im heutigen Europa zu einer ähnlichen Zerstörung kommen wird. Wir halten ein solches Szenario für eine ganz reale Gefahr, für die es deutliche Anzeichen gibt. Deshalb dürfen und können wir uns nicht dem politisch korrekten Schweigegebot fügen. Wir wissen einfach, dass es verantwortungslos ist, das in seinem Ausmaß, in seiner Struktur und in seiner Qualität völlig neue Phänomen der Massenmigration zu unterschätzen. Die Gefahr verschwiegen zu haben, würden uns unsere Kinder und Enkel nie verzeihen.

Wir appellieren vor allem an uns selbst. An uns in Europa. Wir sind überzeugt, dass die heutige Migrationswelle nicht in erster Linie eine Folge des Zerfalls in den Ländern des Nahen Ostens und Nordafrikas ist, den wir in letzter Zeit aus vielen verschiedenen Gründen erleben. Hinter der scheinbaren Unmöglichkeit, die aktuelle Migrationswelle zu stoppen, steckt in Wahrheit ein politischer Unwille. Aus unserer Sicht drückt sich darin die Krise des heutigen Europa aus. Dieser Unwille folgt aus der Schwäche der europäischen Spitzenpolitiker sowie aus der von ihnen vertretenen Ideologie und der von ihnen praktizierten Politik. Diese Politiker haben sich von den Einstellungen und Ansichten ihrer jeweiligen Mehrheitsbevölkerung immer weiter entfernt. Die von oben verordnete politische Korrektheit und die damit verbundene Heuchelei stellen schon heute eine grundsätzliche Bedrohung für Freiheit und Demokratie auf dem ganzen europäischen Kontinent dar. Am dramatischsten ist die Lage allerdings im mächtigsten Land Europas: in Deutschland.

Ohne den Inhalt dieses Buches vorwegzunehmen, weisen wir allerdings schon jetzt darauf hin, dass nicht nur die Deutschen, sondern die Europäer insgesamt und mit ihnen auch die Migranten einer massiven politischen und medialen Manipulation zum Opfer fallen. Sie wurden zu Akteuren eines gigantischen sozialen Experiments.

Es gibt freilich auch Kräfte, die sich diesem Experiment verweigern. In der Migrationskrise zeigt sich, dass Deutschland zusammen mit einigen anderen westeuropäischen Ländern auf der einen Seite und die Länder Mittel- und Osteuropas auf der anderen Seite diametral unterschiedliche Ansichten vertreten. Unser Buch und die von uns formulierten Ansichten stehen nicht für sich allein. Wir sprechen nur die Meinungen etwas deutlicher aus, die die Politiker der neuen EU-Mitgliedsländer offiziell mit der gebotenen Zurückhaltung formulieren. Diese Länder Mittel- und Osteuropas werden denn auch für ihre Ansichten vom Westen hart kritisiert. Man wirft ihnen nicht nur Fremdenfeindlichkeit und nationalen Egoismus vor. Man droht ihnen sogar damit, Brüsseler Subventionen zu kürzen und ihre Stimmrechte in der EU zu beschränken.

Das können wir keinesfalls hinnehmen. Auch deshalb haben wir dieses Buch geschrieben. Man darf nicht vergessen, dass die Bürger der mittel- und osteuropäischen Staaten mit ähnlichen Sozialexperimenten, mit einer ebenso fremdbestimmten, von außen aufgezwungenen Quasi-Solidarität und mit unfreiwilligen Opfern im Namen eines zukünftigen Gemeinwohls jahrzehntelange, unglückliche Erfahrungen gemacht haben. Sie können den Ehrgeiz der Herren von damals nicht vergessen, auf diese Weise den »neuen Menschen« zu schaffen. Kurz, die heutigen Experimente erinnern uns allzu sehr an die Zeit der sowjetischen Besatzung. Wir wissen die vor 25 Jahren errungenen Freiheiten sehr zu schätzen und wollen sie nicht verlieren.

Wir hoffen, dass sowohl Deutschland als auch die anderen westeuropäischen Länder allmählich ein Einsehen haben. Im Übrigen schreiben wir weder *gegen* noch *über* Migranten. Wir schreiben über das heutige Europa. Nur in Europa kann die Ursache seiner eigenen aktuellen Krise gefunden und behoben werden.

Václav Klaus und Jiří Weigl
Prag, den 11. Februar 2016

EINLEITUNG

Die öffentliche Informationsflut bringt heutzutage eine früher nicht gekannte Entwertung der Begriffe mit sich. Die Quantität verändert die Qualität, aber von positiven Auswirkungen dieses Zusammenhangs kann keine Rede sein. Die Medien bringen nur schlechte Nachrichten. Das Wort »Krise« wurde – ähnlich wie die Wörter »Krieg«, »Mord«, »Unfall« oder »Katastrophe« – zum Bestandteil des alltäglichen Wortschatzes und hört langsam auf, uns in Angst und Schrecken zu versetzen. Jeden Augenblick taucht eine neue, sei es echte oder vermeintliche Krise auf. Vielleicht wurde sie aber auch nur mit Hintergedanken konstruiert. Vor unseren Augen wechselt eine Katastrophe die andere ab, und sobald die eine medial ausgeschöpft wurde, wird sie durch die andere ersetzt. Daher kann es ebenso gut passieren, dass eine wirklich ernste Krise fatal unterschätzt wird. Wir befürchten, dass genau das gegenwärtig der Fall ist. Die aktuelle Migrationskrise ist solch eine ernste und bislang sträflich unterschätzte Krise. Deshalb diese Warnung – sachlich und frei von jeglichem Populismus.

Kaum war die Finanz- und Wirtschaftskrise der Jahre 2008 bis 2009 (wahrscheinlich die schwerste der vergangenen 80 Jahre) – auf wenig überzeugende Weise und ohne die sonst nachfolgende wirtschaftliche Belebung – beendet, brach über die bis dahin relativ stabilen Staaten der Eurozone die seither ständig drohende Schuldenkrise herein, deren Höhepunkte vor allem in Griechenland sehr viel Angst auslösen. Zur Jahreswende 2013/14 kam auch die seit langem schwelende Ukraine-Krise zum Ausbruch, die irrtümlicherweise oder auch mit Absicht oft als russisch-ukrainischer Konflikt interpretiert wurde (vgl. unseren Aufsatz »Plädoyer für eine ehrliche Ukraine-Debatte« vom April 2014[*]). Und im Sommer 2015 trat die Migrationskrise mit voller Wucht auf den Plan, die von den europäischen Verantwortlichen unterschätzt oder vielleicht sogar absichtlich bagatellisiert wurde.

All diese Krisen haben trotz ihrer Unterschiede vieles gemeinsam, und vielleicht folgt auch deswegen die eine zuverlässig auf die andere. Sie liefern dem verantwortungslosen Aktivismus der politischen, medialen und intellektuellen Eliten Europas und des gesamten Westens allzu willkommene Vorwände. Die scheinbar zwingende Schlussfolgerung aus diesen Krisen lautet jedes Mal, das weitere Geschehen nicht der spontanen Entwicklung zu überlassen und individuelle Freiheiten sowie demokratische Strukturen noch weiter abzubauen.

Wir sind fest davon überzeugt, dass die aktuelle Migrationskrise etwas anderes ist als lediglich ein weiteres Glied in der Kette der bisherigen Erschütterungen. Die fortgesetzte und massenhafte, leider noch lange nicht auf ihrem Höhepunkt angekommene Migrationswelle ist nur mit den früheren Invasionen »barbarischer« Völker in die antike Welt vergleichbar. Kultur und Zivilisation des damaligen Europa wurden in einem so unvorstellbaren Ausmaß destabilisiert und zurückgeworfen, dass es mehrere Jahrhunderte dauerte, bis die Folgen überwunden waren. Im weiteren Verlauf der Geschichte war Europa immer wieder ähnlichen Anstürmen durch Araber, Mongolen und Türken ausgesetzt, die der Kontinent bis-

---

[*] In englischer Sprache unter http://www.klaus.cz/clanky/3553 zu finden (Anm. d. Verlags)

lang – manchmal um den Preis großen Leides und hoher Verluste – jedes Mal abwehren konnte. Heute geht es um eine vergleichbar grundsätzliche Herausforderung, die nicht nur Tschechien, sondern die Zukunft ganz Europas bedroht.

Im Unterschied zur Vergangenheit ist heute leider durchaus unklar, ob von einem Verteidigungswillen Europas noch die Rede sein kann. Wir werden später darauf zu sprechen kommen, dass es um uns herum offenbar einen ganz anderen »Willen« gibt ... Es werden ja bereits die Vertreter der These diffamiert, dass es überhaupt etwas geben könnte, das zu verteidigen sich lohnte. Noch weniger Einigkeit besteht folglich darüber, was man verteidigen sollte.

Europa – vor allem das »Europa der Integration« – ist von lauter weltfremden und heuchlerischen humanistischen Ideen durchdrungen, von denen wir die zwar modischen, in ihren Folgen aber selbstmörderischen Ideologien des Multikulturalismus und des »Human Rightismus« für die gefährlichsten halten. Diese Ideen stiften Millionen von Menschen zum Verzicht auf ihr Zuhause an, zum Verlassen ihrer Heimat und ihres Staates, zum Abschied von ihrer Nation. Sie werden zu der irrigen und verabsolutierten Annahme verführt, dass Migration ein Menschenrecht sei, dass es einen regelrechten Anspruch auf Migration gebe und dass sich daraus weitere Ansprüche automatisch ableiten würden – einschließlich der materiellen Versorgung von Migranten. Der zu Recht auf seine Vergangenheit stolze Kontinent wird nicht zuletzt durch jene linke Sozialutopie geschwächt, die aus Europa einen ineffizienten, »solidarischen« Sozialstaat machen will und aus den in ihm lebenden Menschen abhängige Klienten dieses Sozialstaates.

Eine besondere Rolle spielt dabei die unverzeihliche Verantwortungslosigkeit der gegenwärtigen europäischen Eliten, die diese Ideen – bewusst oder unbewusst, durchdacht oder nicht durchdacht – vertreten und verbreiten. Die Folgen bekommen sie und ihre Familien ja noch nicht unmittelbar zu spüren. Wahrscheinlich glauben die ideologischen Drahtzieher der aktuellen Entwicklung, dass sie mitsamt ihren Nachkommen von den Auswirkungen verschont bleiben und die berühmte Sintflut (deren Ursache heute wohl keine übermäßige Wassermenge sein wird, sondern eher der glühende Kessel der globalen Erwärmung) erst nach ihnen und ihrer Ära droht. Wir sind davon überzeugt, dass sich Europa den Luxus einer solchen Verantwortungslosigkeit nicht leisten kann, und versuchen deshalb, in diesem kleinen Buch auf verschiedene Aspekte der Migrationskrise einzugehen und ihre breite Problematik zu analysieren.

Wir sind uns bewusst, dass jedes angedeutete Subthema ein eigenes Buch verdient hätte. Zugleich sind wir überzeugt, dass unsere »kurze Erläuterung« (engl. »primer«) alle wichtigen Thesen aufführt und dem Leser einen nützlichen Überblick über die brisante Problematik verschafft. Da wir keinen akademischen Anspruch hatten, wollten wir den Leser auch nicht mit endlosen Literaturhinweisen oder unzähligen Namen bekannter Autoren belasten. Wir wollten uns wirklich kurz fassen.

I.
MASSENMIGRATION NACH EUROPA: EINE GESCHICHTLICHE NORMALITÄT?

Seit Jahrtausenden versuchen die Menschen, vom Krieg heimgesuchte oder zerstörte Gebiete, bankrotte oder dysfunktionale Staaten (»failed states«), Länder mit Diktaturen oder scheiternden Sozialexperimenten, Gegenden mit Hunger- oder anderen Naturkatastrophen zu verlassen und ihrer misslichen Lage zu entkommen. Auch wir in Mitteleuropa können ein Lied von der Flucht singen, wenngleich die Tschechen keine Rekordhalter in Sachen Migration sind, denn als einzigem Land Mittel- und Osteuropas werden bei uns derzeit mehr Immigranten als Emigranten gezählt.

Menschen flüchten (»migrieren«) aber nur dann, wenn es ein Wohin gibt, wenn es möglich ist wegzugehen, was in der Geschichte – unsere Erfahrung mit dem Kommunismus bestätigt es – eher die Ausnahme als die Regel war. Meistens bleiben sie auch in schweren und chaotischen Zeiten »zu Hause«, versuchen zu überleben und halten es zuvörderst für ihre Aufgabe, die tragische Lage ihrer Heimat zu verbessern. Die beiden Autoren dieses Buches teilen diese Einstellung. Deswegen sind wir auch nie emigriert. Langfristig ist das die mit Abstand sinnvollste Lösung. Es wäre einfach absurd, die Welt in erfolgreiche und erfolglose Länder (und Regionen) einzuteilen, die aktuell erfolgreichen Länder mit noch mehr Menschen zu besiedeln, die aktuell erfolglosen Länder dafür zu verlassen und diesen Zustand für immer und ewig zu konservieren. Das ist zum Glück unmöglich. Ob Länder erfolgreich oder erfolglos sind, unterliegt großen Schwankungen, und zwar auch innerhalb eines historisch so kurzen Zeitabschnitts wie der Dauer eines menschlichen Lebens.

Frühere Migrationsbewegungen sind von der aktuellen Migration zu unterscheiden, denn dieser ähneln sie nur auf den ersten Blick. So waren etwa regionale und überregionale Macht- und Wirtschaftszentren in der Geschichte stets das Ziel einer natürlichen Zuwanderung von Menschen aus der näheren und ferneren Umgebung, die Handel treiben wollten oder Arbeit suchten. So war es in Rom zur Zeit der Antike und so ist es bis heute in den Metropolen der neuzeitlichen Kolonialmächte. Diese Metropolen blieben für die Bewohner der ehemaligen Kolonien weit über den Zerfall der Kolonialreiche hinaus attraktiv.

Der Wiederaufbau Europas nach dem Zweiten Weltkrieg stimulierte zusammen mit dem erstaunlichen Wirtschaftswunder der folgenden Jahrzehnte – keinesfalls zufälligerweise – einen steten Strom von Migranten insbesondere aus den ehemaligen Kolonien, deren Arbeitskraft in Westeuropa lange Zeit sehr gefragt war. Dieser relativ stete und stabile Zustrom veränderte mit all seinen Langzeitwirkungen merklich das Gesicht der westeuropäischen Großstädte – und nicht immer zum Besseren. Die gegenwärtige Migration von Vietnamesen und Ukrainern nach Tschechien macht sich übrigens ähnlich bemerkbar. (Wir wollen uns lieber nicht ausmalen, was im Falle einer noch größeren und dramatischeren ukrainischen Krise geschehen wäre, die sehr viel mehr Menschen nach Tschechien verschlagen hätte. Präventive Einladungen hat unser Regierungschef übrigens schon ausgesprochen.)

Davon zu unterscheiden ist jene Migration, die von Kriegen oder Naturkatastrophen ausgelöst wird. In solchen Fällen sind meist die unmittelbaren Nachbarländer das Ziel der Flüchtlinge, wo sie nur so lange wie unbedingt nötig ausharren, um nach Hause zurückzukehren, sobald sich die Lage gebessert hat. Auch diese Migration erreicht oft massenhafte Ausmaße. Sie bedarf großer Hilfsaktionen der internationalen Gemeinschaft und ihrer humanitären Organisationen. Sie ist üblicherweise befristet und wird weder von den Migranten noch von den gastgebenden Ländern als Dauerlösung angesehen. Selbst im Falle der palästinensischen Flüchtlinge, die infolge des Konflikts mit Israel aus ihrer Heimat vertrieben wurden und auch nach sechs Jahrzehnten noch zu Millionen in Flüchtlingslagern des Nahen Ostens leben, hält kein Gastland diesen Zustand für endgültig.

Bislang fiel es Migranten ausgesprochen schwer, große Distanzen zu überwinden. Heute, unter dem Einsatz moderner Verkehrs- und Kommunikationstechnik und angesichts eines höheren Lebensstandards selbst in relativ armen Ländern, ist es viel einfacher und billiger als in vergangenen Jahrhunderten, weit entfernte Ziele anzusteuern. Aber auch das erklärt nicht das plötzliche Anrollen einer Welle derartiger Massenmigration, die uns statt (wie früher) mit Tausenden oder Zehntausenden Flüchtlingen schon heute mit Hunderttausenden und morgen vielleicht sogar mit Millionen von Menschen konfrontiert. Dieser Quantensprung ist es, der uns so besorgt.

Die aktuelle Migrationswelle unterscheidet sich grundsätzlich von den beiden oben beschriebenen Arten von Migration. Sie hat eher den Charakter einer organisierten Völkerwanderung. Ihre Ursachen sind nicht so sehr in den zerrütteten Verhältnissen des Nahen und weniger Nahen Ostens (und Südens) zu suchen als vielmehr in den von den Migranten ausgesuchten Zielen – in Europa.

Bislang waren die entwickelten Länder unseres Kontinents (mit Ausnahme Englands, Frankreichs und der Niederlande) nicht das Ziel von Massenmigration aus außereuropäischen Regionen. Bis zum Jahr 2015 war die Haltung Europas bzw. der Europäischen Union zur Einwanderung ziemlich restriktiv, und keine Krisen oder humanitären Katastrophen auf anderen Kontinenten wurden zum Anlass genommen, das zu ändern. Demzufolge gab es bei begrenzter Zuwanderung auch keine größeren Probleme. Bis zum Sommer des Jahres 2015 verharrten Migranten (nicht als Einzelne, aber als große Masse) überwiegend in jenen Regionen, denen ihre Herkunftsländer in geographischer, klimatischer, kultureller, zivilisatorischer, religiöser und historischer Hinsicht nun einmal angehören.

Plötzlich aber setzte ein grundsätzlicher Wandel ein. Seitdem sind wir Zeugen eines massiven Zustroms von Migranten nichteuropäischer Provenienz nach Europa. Dieser Zustrom, bei dem es sich ganz bestimmt nicht um eine zufällig synchrone Bewegung isolierter Individuen handelt, wird in vielerlei Hinsicht organisiert oder zumindest mit Vorsatz ermöglicht und erleichtert. Was das betrifft, gibt es nichts zu banalisieren. Wir dürfen nicht um den heißen Brei herumreden. Wir sind bestimmt keine Anhänger an den Haaren herbeigezogener Verschwörungstheorien. Wir sind nicht der Meinung, dass der Migrantenstrom von irgendwelchen Konferenzen mit den Namen Bilderberg oder Davos, von den Chefetagen weltweit agierender Konzerne oder vom amerikanischen State Department gesteuert wird. Ebensowenig wurde er von dem vermeintlichen Urheber alles Bösen in der heutigen Welt, dem russischen Präsidenten Wladimir Putin, organisiert. So mächtig ist Putin nun auch wieder nicht, und er hat selbst zu viel Angst vor Migranten aus muslimischen Ländern angesichts der zwanzig Millionen Muslime im heutigen Russland, die ein Siebtel aller Einwohner der Russischen Föderation stellen.

Die aktuelle Migration wurde zwar nicht ausgelöst, aber wird mächtig befeuert von professionellen oder kurzfristig angelernten Schleppern, von Menschen, die seit langer Zeit von der Schattenwirtschaft, wenn nicht vom organisierten Verbrechen leben. Sie sind es, die für all die Verkehrsmittel, die Anleitungen in verschiedenen Sprachen, die Landkarten sowie die Reklameprospekte über das schöne Leben in Deutschland und den anderen europäischen Ländern sorgen.

Sie sind sehr umtriebig und können blitzschnell – oft viel schneller als der Staat – auf alle Anlässe und Stimuli reagieren, die für sie nichts weiter als sprudelnde Einnahmequellen sind. Ja, der Migrantenschmuggel nach Europa ist ein großes Business. Es ist aber auch wahr, so unser Argument, dass ein einflussreicher Teil der europäischen Eliten diese neuzeitliche Völkerwanderung begrüßt und bereit ist, sie zu ihren Gunsten zu nutzen. Und diese Leute sind es auch, auf die der primäre Impuls zurückgeht.

Die Schlepperei allein kann keine hinreichende Erklärung für den plötzlichen Anstieg der aktuellen Migrationswelle sein. Der Impuls war ein anderer. Die potentiellen Migranten in Syrien, Afghanistan und Somalia, im Irak, im Kosovo und in Albanien wissen nicht, wie verwirrt die europäischen Eliten sind. Sie ahnen nichts von dem Ausmaß ihrer multikulturellen Gesinnung und ihres barmherzigen Pseudohumanismus. (Nicht einmal die Völker Europas überblicken den Ernst der Lage; sie wiegen sich bezüglich ihrer Eliten immer noch in Illusionen.) Aber auf irgendein Signal haben die Migranten reagiert.

Wahrscheinlich empfingen sie die aus Europa gesendeten Signale, nahmen sie verschiedene isolierte Aussagen zur Kenntnis, vertrauten sie der Brüsseler Propaganda, die die EU als ein gelobtes Land beschreibt, und hörten sie vom Sozialparadies, in dem viele Gelder (bzw. Sozialleistungen) jedem frei zur Verfügung stehen. Übrigens, auf genau dieselben Signale reagierten vor ein, zwei Jahrzehnten unsere Roma, als sie sich auf den Weg nach England und Kanada machten – und bald darauf zurückkehrten. Wir können beim besten Willen nicht glauben, dass die potentiellen Migranten von unserer demographischen Krise hörten und freiwillig herbeieilen wollten, um sie zu beheben – auf dass Europa doch nicht ausstürbe.

All diesen immer wieder gesendeten Signalen setzten schließlich die deutschen Spitzenpolitiker die Krone auf. Bundeskanzlerin Merkel und Bundespräsident Gauck forderten die Migranten direkt zum Einmarsch nach Europa auf. Ihnen schlossen sich die europäischen (oder mit Brüssel im Einklang stehenden) Politiker an, die ihren Multikulturalismus und ihren Widerwillen gegen den Nationalstaat offenbar ernst meinen. Und Papst Franziskus und seine Mitstreiter verkündeten heuchlerisch eine Barmherzigkeit »unlimited«, gefolgt von den kosmopolitischen Intellektuellen Europas mit ihrem traditionellen Hang zu abstrakten politischen Idealen, die mit einer totalen, nahezu rousseauschen Interesselosigkeit an konkreten menschlichen Schicksalen einhergehen. Die Hauptrolle aber spielte zweifellos die deutsche »Migranten-Mama« Merkel mit ihrem obamahaften Schlachtruf »Wir schaffen das«.

Ja, der Migrantenstrom nach Europa wurde auch von Europa selbst ausgelöst, von jenen, die sich in ihrer himmelschreienden Anmaßung für Europa ausgeben und beanspruchen, den ganzen Kontinent zu repräsentieren.

II.
INDIVIDUELLE MIGRATION MACHT
NOCH KEINE MASSENMIGRATION – UND
MIGRANTEN SIND KEINE ASYLANTEN

In ihrem Edelmut oder vielleicht auch nur in ihrer Dummheit, in ihrer Kurzsichtigkeit oder in ihrer Unfähigkeit, sich die Folgen auszumalen, machen die Befürworter der gegenwärtigen Migration – und mit ihnen auch all jene, die aus ideeller Verwirrung oder in unreflektiertem Glauben an scheinbar erhabene Ideologien handeln – grundsätzliche methodische Fehler. Der erste Fehler besteht darin, dass sie Argumente, die für die individuelle Migration gelten (oder in dieser Hinsicht wenigstens diskussionswürdig sind), auf die Massenmigration anwenden, obwohl es sich dabei um ein vollkommen anderes Phänomen handelt. Der zweite, durchaus ähnliche Fehler besteht darin, Dauereinwanderer nicht per Definition von früher oder später heimkehrenden Asylanten zu unterscheiden. Diese Unterschiede müssten eigentlich leicht nachzuvollziehen sein, und trotzdem bedürfen sie erfahrungsgemäß der Erläuterung.

ad 1) Die individuelle Migration ist nicht nur Ausdruck bzw. Bestandteil der elementaren menschlichen Freiheit, sondern immer auch ein Zeichen von beachtlichem individuellem Mut, wenn nicht Ausdruck eines abenteuerlustigen Charakters migrierender Menschen. Ein solches Temperament hat nicht jeder. Eine Auswanderung wird von der jeweiligen Einzelperson (oder von der Familie) gewöhnlich langfristig und systematisch vorbereitet. In vollem Wissen, als Migrant in eine andere Welt zu gehen, stellt dieser Akt einen individuellen Ausstieg des Menschen aus einer gewohnten kulturellen, zivilisatorischen und religiösen Umgebung (darüber hinaus aus einem geographisch, klimatisch und auch sonst anders charakterisierten Raum) dar. Der Migrant kommt in eine Welt, die ihm fremd ist, der er sich anpassen und assimilieren, in der er sich durchsetzen muss. (Kürzlich waren wir in einem authentischen Prager Chinarestaurant Zeugen, wie die Kinder der schon ziemlich assimilierten chinesischen Eigentümer, die seit Jahren die tschechische Grundschule besuchen, fast kein Chinesisch mehr sprachen. Chinesisch fällt ihnen schwer, und sie haben – so sagten sie uns – nicht mehr vor, es zu lernen.)

Die individuelle Migration stellt üblicherweise nicht nur einen räumlichen, sondern auch einen geistigen Schritt in eine andere Welt dar. Zugleich bildet die Herkunftswelt den einzigen persönlichen Anteil am neuen Leben. Migranten mögen die Symbole ihrer Herkunft in ihrer neuen Heimat resolut gegen Herabsetzung und Schändung verteidigen, sie dürfen aber nicht die geringste Ambition haben, ihre ursprüngliche Welt, die sie sehr bewusst und in Kenntnis aller Umstände verlassen haben, in die neue hinüberzuretten.

Massenmigration ist dagegen etwas völlig anderes. Die Massenmigration nach Europa, deren Zeugen wir sind, ist kein individuelles, sondern ein Massen-, Kollektiv- oder Herdenphänomen, insofern der Einzelne sein Handeln an seiner Umgebung ausrichtet. Persönliche Motive haben ein viel geringeres Gewicht als bei der individuellen Migration. Es überwiegt die kollektive Atmosphäre, die den Aufbruch in eine andere, vielleicht bessere Welt befiehlt (»besser« im Sinne von reicher und weniger gefährlich), und zu dieser kollektiven Atmosphäre gehört auch das Bestreben, ein Maximum der alten Welt, der bisherigen Verhaltensweisen und des ursprünglichen Lebensstils mitzunehmen und in der Fremde zu bewahren.

Das Ziel ist also nicht, sich zu assimilieren; das Ziel ist, sich in der ursprünglichen Welt und Lebensweise einzuschließen, gerade auch beim Umzug in das andere Milieu. Vom Neuen wird nur das übernommen, was vorteilhaft ist. Auch die Massenmigration ist für die Beteiligten nicht ohne Risiko, aber sie erfordert nicht denselben Mut wie die individuelle Migration. Die Motive der Beteiligten haben eine ganz andere Dimension. In vielen Fällen werden sie von der bewussten Absicht geleitet, kulturell zu expandieren und die neue Welt Schritt für Schritt nach dem Vorbild ihrer Heimat umzugestalten. Diese Umgestaltung muss nicht die primäre Absicht jedes einzelnen Migranten sein, aber sie ist die Absicht von politischen oder religiösen Aktivisten gleicher Herkunft, die ebenfalls Teil der Massenmigration sind. Ganz zu schweigen von jenen Einwanderern, die offenbar gewalttätige, destruktive, ja terroristische Absichten verfolgen und nicht vor entsprechenden Taten zurückschrecken.

Wir sind fest davon überzeugt, dass der Impuls zur Barmherzigkeit nur angesichts des Schicksals individueller Migranten eine sinnvolle Reaktion sein kann. Das Verhalten einer großen Masse einwandernder Menschen hat nicht dieselbe Haltung und Rücksicht seitens der Länder und Bürger verdient, die von jenen heimgesucht werden. Damit keine Missverständnisse aufkommen, betonen wir noch einmal, dass wir ausschließlich von Hunderttausenden oder sogar von Millionen von Menschen sprechen. (Übrigens dominieren bei den Fernsehbildern aus Europa seit längerer Zeit die unwürdigen Reiseumstände und Aufenthaltsbedingungen der Migranten – ein spezifisches Leid, für das sie durch ihre Entscheidung zum Aufbruch selbst verantwortlich sind. Das ursprüngliche Leid in ihrer Heimat dagegen wird nicht gezeigt. Oft geht es nämlich nur um eine Unzufriedenheit mit ihrem bisherigen Leben, die von den Fernsehkameras schwerlich eingefangen werden kann, und nicht um Leid im ursprünglichen Sinne des Wortes.)

ad 2) Zu unterscheiden ist nicht nur die individuelle Migration von der massenhaften, sondern auch die befristete von der dauerhaften. Bemerkenswerterweise wurden die Migranten von Anfang an zur »Bereicherung« Europas erklärt, d. h., man geht mehr oder weniger explizit davon aus, dass die »Flüchtlinge«, wie sie zugleich heißen, langfristig hierbleiben werden. Trotzdem wird das gesamte aktuelle Migrationsproblem von Politik und Verwaltung als Asylfrage betrachtet und behandelt. Das ergibt keinen Sinn.

Asyl bedeutet, einem Menschen eine vorübergehende Zuflucht zu gewähren, der vor politischer Verfolgung bzw. akuter Lebensgefahr flieht. Es ist ein deutlich individualisiertes, auf die zu rettende Einzelperson und deren individuelle Lebensgeschichte zugeschnittenes Instrument. Unserem politisch korrekten »Vielfalts«-Gerede zufolge geht es aber um »Chancen« nicht so sehr für die »Menschen in Not«, als vielmehr für ihre in Sicherheit lebenden Gastgeber. Tatsächlich steht Europa vor einem ganz anderen Problem. Es wird mit einer Völkerwanderung konfrontiert, mit einer Massendynamik, vor der die individuellen Schicksale verblassen, aus denen sich dieser Menschenstrom summiert. Notleidenden Völkern kann man nicht mit denselben Mitteln helfen wie notleidenden Individuen.

Es ist eben diese Hilfe für ganze notleidende Völker, die die europäischen Politiker ausrufen, um sich dann zu wundern, dass die Mechanismen der Asylpolitik nicht greifen. Man sollte ihnen klipp und klar sagen, dass diese Mechanismen nicht funktionieren *können* und dass sie auch dann nicht funktionieren werden, wenn die Kompetenzen für die Asylpolitik, wie die »leidenschaftlichen Europäer« es verlangen, nach Brüssel verlagert werden, um die angeblich kooperationsunwilligen Nationalstaaten mit ins Boot zu holen. Einladungen an notleidende Völker bringen unabsehbare Risiken mit sich. In den gastgebenden Ländern führt diese Migration zu sicherheits-, wirtschafts- und integrationspolitischen Risiken mit der Gefahr einer großen Destabilisierung. Sie stellt die europäischen Staaten vor eine denkbar ernste Herausforderung. Diese Herausforderung scheint die europäischen Eliten aber nur unter ferner liefen zu interessieren und zu beschäftigen.

Seit den ersten Anfängen dieser Massenmigration behandeln sowohl die EU-Kommission als auch die mächtigsten Staatschefs der EU feige und verlogen nur eine einzige Frage – wie die Migranten innerhalb der EU umverteilt werden sollen. Nicht über einen Stopp der Migration wird diskutiert – zunächst hatte einzig und allein Ungarn wirksame Maßnahmen ergriffen, bevor sich weitere Balkanstaaten anschlossen –, sondern nur über die Umverteilung der Ankömmlinge. Die Umverteilung ist Problem Nummer eins, die Migration als solche macht anscheinend gar nichts aus … Die Massenmigration derart zu bagatellisieren, wie es bislang europäische Praxis ist, ist ganz und gar unlogisch. Tausende, zehntausende, hunderttausende Migranten werden für jedes Land zu einer Riesenlast und zu einem die heimischen Verhältnisse destabilisierenden Risikofaktor. Der spontan geschaffene freie Zutritt nach Europa ist geradezu absurd.

Die ganze Europäische Union gründete bislang auf einem überaus restriktiven Einwanderungsrecht, und seit den Schengener Abkommen von 1985 ff. basierte die Freizügigkeit im Inneren der EU ausdrücklich darauf, dass die Bedingungen für die Einreise an den Außengrenzen deutlich verschärft wurden. Im jeweils nationalen, aber auch im internationalen Recht wurde eine ganze Reihe von Maßnahmen ergriffen, die die illegale Zuwanderung verhindern sollten. Ein derart spontaner Sinneswandel – eine stillschweigende, fast totale Grenzöffnung für Migranten und faktisch das Ende von Schengen in seiner bisherigen Form – kann nicht mit einem plötzlichen Altruismus der Bundeskanzlerin Merkel und ihrer europäischen Kollegen erklärt werden. Offenbar sind wir Zeugen eines weitreichenden strategischen Schachzugs, dessen Sinn und Zweck sie vor uns geheimhalten.

Derweil präsentieren uns die Medien herzerweichende Geschichten über die bösen Schlepperbanden, die die ganze Völkerwanderung angeblich organisieren. Es handelt sich wirklich um einen organisierten Transfer von Hunderttausenden von Menschen aus den Flüchtlingslagern der Türkei über die Grenzen von acht Staaten nach Deutschland, was aber ohne die aktive Mitwirkung der Regierungen all dieser Länder unmöglich wäre. Die sogenannten Grenzkontrollen sind lächerlich, wenn praktisch alle Migranten einfach bis nach Deutschland durchreisen können. Aus der Türkei kommen täglich Tausende Menschen auf Schiffen über die griechischen Inseln, und niemand hat rund um die akute Krise im Sommer 2015 etwas dagegen getan, ja nicht einmal tun wollen.

All das beweist, dass »Europa« in Gestalt von Angela Merkel und Jean-Claude Juncker die Migration wünscht, die Bemühungen um eine Reduktion des Flüchtlingsstroms lediglich vortäuscht und bemüht ist, ein Maximum von »neuen« Europäern aus dem Nahen Osten und den anderen Herkunftsregionen der aktuellen Migranten auf unseren Kontinent zu verschieben. Woher diese Menschen kommen und wie verschieden ihre Mentalität von der europäischen Kultur und Zivilisation ist, scheint diese Politiker überhaupt nicht zu interessieren.

Wir legen Wert auf die Feststellung, dass die ganze Entwicklung schließlich nicht auf eine Änderung der Einwanderungsgesetze zurückgeht, sondern darauf, dass massenhafte Gesetzesverstöße vorsätzlich geduldet werden. Um die Gesetzeslage zu ändern, hätte es nämlich eines politischen Mandats bedurft, über das die europäischen Politiker nicht verfügen und von dem sie fürchten, dass sie auch keine Chance haben, es jemals zu bekommen.

III.
NICHT-EUROPÄISCHE HINTERGRÜNDE
DER MIGRATIONSKRISE

Die gegenwärtige Massenmigration nach Europa hätte sich niemals in Bewegung gesetzt, wenn es nicht bestimmte, nachvollziehbare Ursachen geben würde. Dazu gehören einerseits die im Vergleich zu anderen Weltregionen relativ schwache politische, wirtschaftliche und soziale Entwicklung in Ländern des Nahen und Mittleren Ostens und andererseits die im Laufe der vergangenen zwei Jahrzehnte in dieser Region vom Westen initiierten kriegerischen Konflikte. Während die eine Ursache langfristig wirkte, veränderte die andere schlagartig die Lage in der gesamten Region. An der ersten Ursache ist niemand direkt schuld, an der zweiten schon.

Die muslimische Welt, vor allem ihr arabischer Teil, gehört anscheinend zu den Verlierern der sich beschleunigenden Globalisierung. Offenbar ist sie nicht imstande, im Anschluss an ihre eigenen Traditionen und mit Hilfe ihres in vielerlei Hinsicht einzigartigen Potentials eine gesellschaftliche Modernisierung in Gang zu setzen, die eine vergleichbar überzeugende wirtschaftliche Entwicklung ermöglichen würde, wie sie in den vergangenen fünfzig Jahren den Ländern des Fernen Ostens gelungen ist. Die Ursachen dieser schleppenden Entwicklung des arabischen Raums sind systembedingt und derart komplex, dass ihre ausführliche Behandlung den Rahmen dieser Kurzanleitung sprengen würde, die ja nicht von der arabischen Welt, sondern vor allem von uns selbst handeln soll. Bei einigen Ursachen wollen wir dennoch kurz verweilen.

Wir lassen die bekannten und in dieser Region seit langem bestehenden religiösen Antagonismen beiseite, die durch den neuerlichen Versuch des Demokratie-

Exports noch an Schärfe gewonnen haben, und charakterisieren die Lage der arabischen Länder durch folgende vier Punkte:

- eine außerordentlich starke und anhaltende Bevölkerungsexplosion;
- eine jahrzehntelange direkte oder indirekte ökonomische Abhängigkeit vom Gas- oder Erdölexport;
- eine niedrige Attraktivität der von Kriegen und religiösen Zusammenstößen destabilisierten Region für ausländische Investitionen;
- erfolglose Versuche gesellschaftlicher Transformation, die nicht zu einer Annäherung an die entwickelten Länder führen, sondern eher die feindliche Ablehnung des Westens steigern und zu einer hoffnungslosen Rückkehr in aggressiv ausgelebte Religiosität verleiten.

All dies erreicht eine außerordentlich explosive Dynamik durch den ebenfalls mehr als ein halbes Jahrhundert währenden Konflikt zwischen Israel und Palästina, der einen ständigen Unruheherd aus Spannung, Gewalt und Frustration bildet und von den Eingriffen der Großmächte in diese Region zusätzlich befeuert wird. Alle anderen Konflikte der Region hängen mehr oder weniger stark mit diesem Primärkonflikt zusammen. Dieser verstärkt jene, und die Friedensaussichten sind sehr gering, solange er nicht gelöst ist. Der Unwille Israels und der Araber, wirklich Frieden zu schließen, sowie das daraus resultierende Interesse beider Konfliktparteien an einer dauerhaften gegenseitigen Bedrohung und Feindschaft erzeugen eine Atmosphäre permanenter politischer Intrigen, militärischer Manöver und sonstiger Bemühungen, den Feind auf jede erdenkliche Art und Weise zu schwächen oder zu eliminieren. Das dadurch hervorgerufene Wettrüsten und die endlosen Eingriffe der Großmächte tragen ebenfalls zur Destabilisierung bei.

Nachdem die zweite Hälfte des 20. Jahrhunderts vom Import nationalistischer und sozialistischer Ideologien gekennzeichnet war, von denen sich die damaligen Nahost-Eliten Rezepte für die Überwindung der gesellschaftlichen und wirtschaftlichen Rückständigkeit erhofften, haben die nach dem Fall des Kommunismus eingetretenen geopolitischen Machtverschiebungen diese Eliten dazu veranlasst, sich bei ihrer Suche nach Problemlösungen immer mehr auf den Islam zu konzentrieren.

Hinzu kommt, dass der Erdölreichtum auf die fundamentalistischen Monarchien der Arabischen Halbinsel konzentriert ist, die ihn zur Unterstützung, Verbreitung und weltweiten Propagierung islamistischer Ideen und Bewegungen nutzen. Diese unheilvolle Entwicklung bewirkt ein Wiederaufbrechen alter konfessioneller Antagonismen, eine dem Westen feindlich gesonnene öffentliche Meinung, den islamistischen Terrorismus und eine aussichtslose Suche nach Antworten auf die praktischen Fragen der Gegenwart in den Tiefen der Vergangenheit.

Zum Aufstieg des Islamismus in der arabischen Welt hat die aggressive Politik des Westens wesentlich beigetragen. In seinem Triumphgefühl nach dem Sieg im Kalten Krieg übernahm der Westen die ursprünglich kommunistische Idee von der Notwendigkeit einer gewaltsamen revolutionären Weltverbesserung und bestimmte den Nahen und Mittleren Osten zum Objekt dieses Großversuchs. Während der Krieg in Afghanistan primär gegen die isolierte und seinerzeit extreme Version des islamistischen Terrorismus gerichtet war, handelte es sich beim Irak-Krieg schon um den offen erklärten Versuch, durch militärische Intervention in der arabischen Welt eine liberale Demokratie zu errichten und danach die ganze Region nach diesem Vorbild zu verändern.

Die Region veränderte sich wirklich, aber zum Schlechteren. Ein permanenter Krieg – sowohl gegen die westlichen Besatzer als auch ein Bürgerkrieg zwischen religiösen und ethnischen Gruppen – wurde zum tragischen Charakteristikum nicht nur des Irak, sondern ein Jahrzehnt später infolge des sogenannten Arabischen Frühlings auch zum Schicksal mehrerer anderer Länder – Tunesiens, Libyens, Jemens, teilweise auch Ägyptens und vor allem Syriens. Dasselbe gilt für Afghanistan, den Sudan, Somalia und weitere Länder.

Der westliche Versuch, die Demokratie in den Nahen und Mittleren Osten zu exportieren, ist offensichtlich gescheitert. Schon wird von der Notwendigkeit gesprochen, die Landkarte der Region mit Hilfe religiöser Grenzlinien neu zu zeichnen – was bestimmt nicht das ursprüngliche Ziel des vom Westen erhofften » Sieges« der Demokratie und der Menschenrechte in der arabischen Welt war. Als Folge der katastrophalen Entwicklung im Nahen und Mittleren Osten schlossen sich den vor fast siebzig Jahren von den arabisch-israelischen Kriegen aus ihrer Heimat vertriebenen Millionen von Palästinensern weitere Millionen von Menschen an, die vor dem syrischen und irakischen Bürgerkrieg flohen bzw. immer noch fliehen. Etwa vier Millionen Flüchtlinge halten sich seit einigen Jahren in den Lagern der Türkei, Jordaniens und des Libanon auf, und es kommen weitere Millionen dazu. Die Gastländer werden durch die Einwanderungswelle destabilisiert und tragen die hohen Kosten für Versorgung und Unterbringung allein.

Bis zum Beginn des aktuellen Ansturms auf Europa widmete aber keiner der führenden Politiker Europas und der Welt dieser Tatsache auch nur die geringste Aufmerksamkeit. Das änderte sich erst durch die Ankunft der ersten großen Migrantengruppen im Sommer 2015. Erst von diesem Zeitpunkt an wurde dank des Drucks der europäischen Öffentlichkeit das Migrationsproblem überhaupt zur Kenntnis genommen. Ein Problem zur Kenntnis zu nehmen bedeutet aber noch nicht, es zu lösen. Bislang suchen die Politiker auch gar keine Lösung. Sie verkünden lediglich passive Maßnahmen, um die primären, bislang noch überschaubaren Begleiterscheinungen zu bewältigen. Und das bedeutet, dass die wahren Probleme noch kommen.

IV.
DER AKTUELLE MIGRANTENTRANSFER
IST EIN EUROPÄISCHES PROBLEM, NICHT
EIN PROBLEM DES NAHEN OSTENS
ODER NORDAFRIKAS

Manche Menschen bei uns und anderswo in Europa ärgern sich über die Migranten, ärgern sich über das Land, aus dem die illegalen Migranten kommen, und sie ärgern sich über jene relativ ruhigen und prosperierenden Staaten, die ihre migrierenden Nachbarn nicht bei sich aufnehmen, sondern so schnell wie möglich weiterschicken. Das ist eine irrtümliche und noch dazu ganz unproduktive Ansicht. Wir sollten uns vor allem über uns selbst ärgern. Ökonomisch gesprochen halten die zerstörten, funktionsunfähigen und kriegführenden Länder des Nahen Ostens und Nordafrikas ein jederzeit aktivierbares Angebot an Migranten vor. Ökonomen wissen, dass das Angebot allein nicht genügt. Es muss auch eine Nachfrage nach Migranten bestehen, damit sie sich auf den Weg machen können. Diese Nachfrage wird heute von der Europäischen Union garantiert, ganz gleich wie hartnäckig sie – bzw. ihre Vertreter – das bestreiten mögen.

Die Europäische Union hat einfach aller Welt signalisiert, dass ein Phänomen wie Massenmigration möglich sei, was – wie sich zeigte – völlig genügte, um die ganze Migrationswelle loszutreten. Das war der berüchtigte Funke, der nur überzuspringen braucht, damit das Feuer seinen Lauf nimmt. Die EU zündelte aber nicht etwa in den fernen Herkunftsländern, sondern auf ihrem eigenen Boden. Sie schuf ein Problem, das kurz- und mittelfristig von dem hohen materiellen Aufwand für die Migranten ausgeht und langfristig in den zerstörerischen und destabilisierenden Auswirkungen der Absorption einer so großen Masse von Menschen besteht. Ja, es ist notwendig, das Problem der Absorption anzusprechen,

d. h. die Fähigkeit bzw. Unfähigkeit Europas (und nicht seinen Willen oder Unwillen), Millionen von Migranten zu integrieren. Zufälligerweise wird zu dem Zeitpunkt, da wir diesen Text abschließen (am 6. November 2015), berichtet, dass die Europäische Kommission für das Jahr 2016 mit drei Millionen Migranten rechnet. Zum Vergleich – im Jahre 2014 waren es weniger als 300 000 und für das Jahr 2015 lag die Prognose bei einer Million.

In einer solchen Lage besteht die erste und dringlichste Aufgabe darin, die unmittelbaren Kosten für die Grundversorgung der Migranten in den aufnehmenden Ländern zu decken. Unter den Bedingungen des Schengen-Abkommens steht der gesamte Binnenraum der EU vor dieser Aufgabe, also ohne Rücksicht darauf, ob die Migranten in den von ihnen präferierten Ländern ankommen oder nicht. Entweder werden sie sich im gesamten Binnenraum frei und unorganisiert bewegen, oder die EU-Behörden weisen sie zwangsweise einem bestimmten Land zu – im Rahmen der sogenannten »europäischen Solidarität«, hinter der sich eigentlich ein skrupelloses Verhalten der europäischen Eliten verbirgt, das mit Solidarität nichts zu tun hat. Tatsächlich planen und schaffen sie ihr neues Europa auch über die Köpfe der kleinen mittel- bzw. osteuropäischen Länder hinweg, in deren Namen sie angeblich handeln (vgl. 5. Kapitel).

Auch wenn die heute nach Europa kommenden Migranten bei weitem nicht die ärmsten oder am meisten bedrohten Bewohner ihrer heimatlichen »failed states« sind, verfügen sie nicht über ausreichende Finanzmittel, längere Zeit auf eigene Kosten in Europa zu leben. Offensichtlich ist aber auch die Vorstellung, sie ohne weiteres allesamt in Lohn und Brot zu bringen, nichts weiter als ein utopischer Traum der naiven europäischen Multikulti-Freunde. Für lange Zeit werden die Einwanderer auf die Großzügigkeit der europäischen Sozialsysteme angewiesen bleiben, was auf der Makroebene erhebliche Milliardensummen verschlingen wird. Dadurch wird die schon heute hohe Verschuldung der dauerhaft auf Kredit lebenden, ökonomisch längst stagnierenden (und demzufolge gegenüber dem Rest der Welt zurückfallenden) europäischen Staaten weiter ansteigen.

Aus Brüssel sind bereits Pläne bekannt, allen Migranten dieselben Sozialleistungen zukommen zu lassen, ganz gleich in welchem EU-Land sie sich befinden. Die durchaus realistische Möglichkeit, dass diese Pläne umgesetzt werden, stellt die ärmeren EU-Staaten vor erhebliche finanzielle und moralische Probleme. Ihnen droht das Szenario, dass die Sozialbezüge der Migranten am Ende höher sind als die Altersrenten, höher als der Mindestlohn und höher als das pro Kopf gerechnete Familieneinkommen, das Millionen normaler Bürger in diesen Ländern zur Verfügung steht.

Ein viel größeres und weniger messbares Problem betrifft die Auswirkungen einer so hohen Zuwanderung auf die Kohärenz der europäischen Gesellschaft, auf das gesamte europäische Lebensgefühl und auf die Sicherheit von Millionen »Alt-Europäern«. Es kommt zu einem Bruch mit den traditionellen Werten und Bräuchen der in Europa lebenden Menschen und – sprechen wir es offen aus – zur Entstehung und Verbreitung von ganz normalen menschlichen Ängsten, die seit einigen Monaten unbestreitbar zum europäischen Lebensgefühl gehören.

Jeder von uns hört täglich von derartigen Befürchtungen. Viele »große Europäer«, vor allem die in Brüssel, Berlin oder Paris, unterschätzen diese Befürchtungen auf unentschuldbare Weise. Was steckt dahinter? Unverzeihlich fahrlässige Verantwortungslosigkeit (vulgo Dummheit) oder sachlicher Unverstand? Glauben diese Laute wirklich an die Möglichkeit einer effektiven (und kurzfristigen) Umerziehung bzw. an die Macht der Manipulation, an die Möglichkeit, Menschen mit Ideologien zu indoktrinieren, die sie bei freier Entscheidung ablehnen würden? Entspringt das nicht alles dem Glauben an die Möglichkeit eines neuen Menschen und eines neuen Europa?

Solche Vorstellungen halten wir schlicht für gefährliche Illusionen, die zutiefst die Erfahrungen missachten, die Europa mit jenen Migranten gemacht hat, die nach dem Zweiten Weltkrieg aus dem Mittelmeerraum, aus Nordafrika und dem Nahen Osten kamen. Sie missachten die immer neuen Unruhen und Zusammenstöße mit der Polizei in einer ganzen Reihe europäischer Länder, vor allem in Frankreich (Pariser Banlieue). Sie missachten die Entstehung von Ghettos in vielen westeuropäischen Städten, von abgeschlossenen »nichteuropäischen« Gemeinschaften. Sie missachten die Brandstiftungen, denen Tausende von Autos, Geschäften und Asylheimen (auch in Deutschland) zum Opfer fallen usw. usf.

Die Massenmigration wird das bisherige Gleichgewicht der europäischen Gesellschaft ins Wanken bringen. Wie oft ist es schon in den zurückliegenden fünf Jahrzehnten zu keiner echten Integration von Migranten gekommen! Wie ist es angesichts dieser Tatsache möglich, hartnäckig davon zu träumen, dass uns die Zukunft – mit Migranten aus Syrien, Afghanistan, Somalia und anderen Ländern – im Unterschied zu unseren bisherigen Erfahrungen wundervolle Verhältnisse bescheren werde? Glauben Frau Merkel und Herr Juncker das wirklich? Würden sie jemals darauf wetten? Das ist kaum anzunehmen.

Es kommt also ein großes Problem auf uns zu – ein Problem für Europa, das wir, die Autoren, ernst nehmen, weil Europa uns viel bedeutet. Aber auch die Europäische Union, die uns weitaus weniger kümmert und mit der wir uns viel weniger identifizieren, steht vor einem großen Problem. Die EU hat große Projekte entworfen und durchgesetzt, die bekanntesten heißen Schengen und Euro, und eben diese »Errungenschaften« hindern nun die europäischen Länder daran, auf ihre je eigene Weise mit der Migration umzugehen. Diese EU-Politik erzeugt neue Konflikte zwischen den Mitgliedstaaten und führt zu neuen innereuropäischen Verwerfungen. Die Zusammenstöße an den Grenzen, der Bau von Stacheldrahtzäunen, das Streichen von internationalen Zugverbindungen und die gegenseitigen Drohungen der Regierungschefs und Innenminister sind nur die ersten Anzeichen.

Europa und die Europäische Union haben sich willentlich in große Probleme gestürzt – allerdings trifft diese Schuld eher die Politiker, die Stimmung machenden Medien und Prominenten als die normalen Bürger. Für die Herkunftsländer der Migranten entsteht zunächst kein neues Problem (Schwierigkeiten haben sie auch ohne die Massenmigration), obwohl der Verlust an Einwohnern letztlich auch dort keine positiven Effekte zeitigt. Langfristig stellt ein solcher Massenverlust an Einwohnern für jedes Land einen Regress dar. Er unterbindet die Möglichkeiten positiver Entwicklung.

V.
WIE DIE EU-ELITEN MIT »WANDER-MAINSTREAMING« DAS NEUE EUROPA ERZWINGEN WOLLEN

Bemerkenswert an der gegenwärtigen Migrationskrise ist auch, dass sie von Anfang an – auf den ersten Blick durchaus unvorbereitet und ungeplant – zum Gegenstand eines grundsätzlichen ideellen Konflikts in Europa wurde. Schon wird diese Krise von Drohungen und Beleidigungen überschattet. Es wäre nötig, auf beiden Seiten des sehr antagonistischen Diskussionsspektrums diesen Konflikt anzuerkennen und anzunehmen. Es handelt sich nämlich *nicht* um einen Konflikt zwischen Altruismus und Xenophobie.

Die meisten Repräsentanten des politischen und medialen Mainstreams sind aber nicht bereit, den Meinungsstreit als einen Konflikt prinzipiell gleichberechtigter Ideen und Weltanschauungen zu betrachten. Sie betrachten ihn stattdessen als einen Konflikt zwischen Gut (das sind sie) und Böse (das sind wir, die anderen). Mit einem verblüffenden Maß an Ehrlichkeit und Radikalität lassen sie erkennen, dass sie die Massenmigration nach Europa positiv bewerten, sei es, weil sie sie als günstig für ihr persönliches »Standing« oder als willkommene Gelegenheit zur Änderung des Status Quo in Europa betrachten. *Deshalb* begrüßen sie die Migration. *Deshalb* versuchen sie gar nicht erst, sie zu begrenzen oder Hindernisse aufzubauen.

Der politische Mainstream, verkörpert durch Bundeskanzlerin Merkel und Parteipolitiker aller Couleur, folgt durchweg dem linken Progressivismus, dem umfangreichen Etatismus und Staatspaternalismus, dem grünen Dirigismus und einem extensiven sozialen Konstruktivismus. Von diesem Gedankengut ist das politische Personal aller Parteien des gesellschaftlichen Mainstreams infiziert. Zwischen Christdemokraten, Sozialisten, Grünen und anarchistischen Aktivisten gibt es diesbezüglich keine nennenswerten Unterschiede. Die Unterschiede liegen allein in der Rhetorik, nicht in der Substanz.

Zugleich wird die derzeit dominierende Haltung des politischen Mainstreams zur Massenmigration in den einzelnen europäischen Ländern nur von einem kleinen Teil der Öffentlichkeit gestützt. Die Mehrheit fürchtet die Kosten und die Folgen der Massenmigration. Sie hat mit ähnlichen, wiewohl wesentlich kleineren vorherigen Migrationswellen keine guten Erfahrungen gemacht. Diese Mehrheit teilt die Ideologie des Multikulturalismus nicht und glaubt nicht an die Bereitschaft und Fähigkeit der Einwanderer, sich in die europäische Gesellschaft zu integrieren. Die manifeste Mehrheitsmeinung der normalen Bürger wird im Unterschied zur Meinung der Eliten öffentlich von eben diesen als xenophob, extremistisch und rassistisch, wenn nicht als faschistisch stigmatisiert. Sie wird verspottet und vom herrschenden Diskurs ausgeschlossen. Entsprechende Ansichten offen zu vertreten, wagen nur außerordentlich mutige Einzelpersonen, Parteien außerhalb des anerkannten Spektrums oder starke nationale Führungsfiguren, die den demütigenden Kampagnen standzuhalten vermögen.

Die Migrationskrise wird zum Katalysator eines Wandels der politischen Landschaft Europas. Sie gibt den seit längerem zu beobachtenden Prozessen eine neue Dimension und neue Dynamik. Die kritische Haltung zur Migration deckt sich mit der kritischen Haltung zu vielen anderen Themen der europäischen Linken wie der grünen Politik einschließlich des Kampfes gegen den

Klimawandel, der Genderpolitik und des progressistischen, konstruktivistisch basierten Europäismus. Wenn sich die bislang dominierende Meinung nicht bald bewegt, wenn die europäischen Eliten sich auch weiterhin nicht bemühen, die Ängste ihrer Bürger ernst zu nehmen, wird der starke Hang des europäischen Establishments zu forcierter Einwanderungspolitik die politischen Loyalitäten in den einzelnen Mitgliedsländern der EU kräftig aufmischen. Es werden andere Politiker und andere Parteien auf den Plan treten.

Auch das ist noch nicht alles. Das herrschende, multikulturell ideologisierte »Wander-Mainstreaming« hat weit größere Ambitionen. Beängstigenderweise hofft es nämlich, dass die Millionenflut nichteuropäischer Migranten nebst ihrer Umverteilung und Ansiedlung überall in Europa den Kontinent von Grund auf revolutioniert. Dass die massenhafte Zuwanderung sowohl die ethnische Zusammensetzung als auch die gesellschaftlichen Verhältnisse in den einzelnen europäischen Ländern »zum Tanzen« bringt. Und dass es gut sei, wenn das geschieht.

Diese Aversion der kurzsichtigen, multikulturell, transnational und kosmopolitisch geprägten Eliten gegen die europäischen Nationen und Nationalstaaten hat ein ganz neues, ungeahntes Ausmaß erreicht. Diese Leute haben begriffen, dass die Nationalstaaten im Verein mit der parlamentarischen Demokratie zum absoluten Bremsklotz ihrer Visionen vom neuen Europa und zum Störfaktor ihrer globalen Machtansprüche geworden sind. Die entscheidenden, immer radikaleren Vertreter dieser Visionen haben begriffen, dass die Schaffung des

Neuen Menschen, ewiger Traum aller europäischen Progressisten, in den Grenzen der alten Nationalstaaten niemals funktionieren wird.

Die Nationalstaaten bzw. die jeweilige Mehrheitsnationalität blockieren qua Existenz den angeblich so vornehmen europäischen Einigungsprozess – um nicht zu sagen die Unifizierung Europas, die absolute Vereinheitlichung. Dem Europa der immer noch existierenden Vaterländer fehlt nach Meinung seiner Gegner bis heute die notwendige Solidarität und Bereitschaft, die Kosten der Zukunft gemeinsam zu tragen. Diese Kosten würden einen hohen Grad innereuropäischer Umverteilung erfordern. Authentische Solidarität kann man aber nicht einfordern (in Wahrheit solidarisieren sich bloß jene Eliten – auf unsere Kosten). Ohnedies sind wir der Meinung, dass es jene Solidarität in dem von den europäischen Eliten gewünschten Umfang weder geben sollte noch geben kann.

Deshalb verfolgen die europäischen Eliten das Ziel, die nationalen Strukturen zu zersetzen, die nationale Substanz zu verdünnen und die Nationen mit jener fremden Welt zu konfrontieren, die die Migranten – ohne Bezug zu dem europäischen Land, in dem sie angesiedelt werden – mitbringen. Jene Eliten sind nicht bereit abzuwarten, ob sich die auf globaler oder europäischer Ebene homogene »Bevölkerung« etwa durch eine langsame, natürliche Vermischung von selbst herausbildet. Sie müssen dem »historischen Prozess« unbedingt durch Massenmigration nachhelfen.

Für solche Motive kann man schwerlich eine breite Öffentlichkeit gewinnen. Würde man sie offen aussprechen, wären sie schlicht unannehmbar. Nicht umsonst findet der Aufbau des europäischen Superstaates ohne demokratisches Mandat nach einer Art Salamitaktik statt – scheibchenweise mittels immer neuer Krisen, die jedes Mal (angeblich) »mehr Europa« erzwingen. Nachdem kein Mensch den Völkern Europas jemals ehrlich gesagt hat, wohin die europäische Integration seit den fünfziger Jahren führen soll, braucht die Öffentlichkeit auch von der aktuellen »europäischen Migrationspolitik« (zum Vorteil ihrer Propagandisten) nicht viel zu verstehen. Die Menschen in Europa müssen doch nicht alles wissen! Um der Zukunft ihres europäischen Projekts willen halten die Eliten Europas die Massenimmigration für unverzichtbar. Und sie brauchen die Unterstützung der Einheimischen, damit ihr Projekt nicht verhindert wird. Dagegen kämpfen darf man nur rhetorisch oder nur im Falle eines starken Widerstands der einheimischen Bevölkerung.

Die vom politischen Mainstream gewählte Argumentation zugunsten eines millionenfachen, freien »Marschs auf Europa« gründet auf einem aggressiven, politisch korrekten und absolut heuchlerischen Populismus, der das Gedächtnis und die Intelligenz der Öffentlichkeit beleidigt. Die europäischen Spitzenpolitiker geben vor, dass es ausgerechnet jetzt unvorstellbar für sie sei, irgendjemanden auf der Welt »leiden« zu sehen. Deshalb sei die Hilfe für die Leidenden, wo auch immer auf der Welt sie leben, die erste europäische Bürgerpflicht.

Dieselben Politiker, die ohne mit der Wimper zu zucken Kriege geführt, Waffen geliefert, Embargos verhängt und jahrzehntelang ohne jede Anteilnahme den

Schicksalen von Hunderttausenden zugeschaut haben, die unter anderem vor den Folgen westlicher Politik geflohen sind, verlangen jetzt von den eigenen Bürgern etwas Unerhörtes. Sie verlangen von ihnen, ihre materiellen Mittel mit einer ausdrücklich unbegrenzten Anzahl von Migranten zu teilen, die sich urplötzlich und gleichzeitig aus verschiedenen Teilen der Welt auf den Weg nach Europa machen und nur in Ausnahmefällen vor den Schrecken eines Krieges fliehen. Das können die Bürger der Europäischen Union nicht hinnehmen.

VI.
BRAUCHT EUROPA ÜBERHAUPT
MIGRANTEN?

Allgemeine Erfahrung und gesunder Menschenverstand besagen, dass die interkontinentale Migration, sofern sie nicht – wie die früheren Auswanderungswellen nach Amerika – in leere oder fast leere Räume führt, unnormal und unnatürlich ist. Auf jeden Fall ist sie in historischer Perspektive ganz außergewöhnlich.

Die wichtige Frage lautet nun, ob es in Europa einen Bedarf an Zuwanderung gibt, der über das gewiss angenehme und »bereichernde« Erlebnis neuer Restaurants und exotischer Küchen hinausgeht. Gibt es einen Bedarf an Zuwanderern, die jene niederen Arbeiten ausführen, zu denen sich in den hochentwickelten und sozial übermäßig abgesicherten Gesellschaften niemand mehr herablassen will? Die Frage stellt sich insofern, als die Massenmigration in der Regel mit den beiden folgenden, angeblich rationalen Argumenten verteidigt wird:

1) »Europa hat einen Mangel an Arbeitskräften« und
2) »Europa hat ein demographisches Problem, es stirbt aus«.

Wir sind von keinem der beiden Argumente überzeugt.

ad 1) Offensichtlich gibt es im Vergleich zu früheren Zeiten aktuell eine überdurchschnittlich hohe Arbeitslosigkeit in der EU (laut den neuesten statistischen Angaben handelt es sich um ungefähr 23 Millionen Arbeitslose, was zehn Prozent des gesamten Reservoirs an Arbeitskräften entspricht). Jeder vernünftige Mensch müsste also einsehen, dass aufs Ganze gesehen von einem Mangel an Arbeitskräften keine Rede sein kann. Die Zahl der

Arbeitslosen ist hoch, obwohl viele sogar aktiv aus der Statistik ausscheiden. Die herrschenden pseudohumanistischen Ideologien führen eine ganze Reihe verlockender Gründe dafür an, dass man nicht arbeiten müsse und sich aus der Gruppe der Arbeitslosen als »nicht vermittelbar« verabschieden könne. Sie eröffnen ihnen andere Geldquellen als den Arbeitslohn oder das Arbeitslosengeld (wie Sozialhilfe) oder dulden andere Tätigkeiten als die reguläre Arbeit (wie Schattenwirtschaft und Kriminalität).

Die Arbeitslosigkeit in Europa ist ein ausschließlich strukturelles Problem. Viele potentielle Arbeitskräfte sind verwöhnt und formal überqualifiziert (d.h., sie haben viele Jahre die Schulbank gedrückt, aber ohne einen positiven Effekt auf ihr Bildungsniveau). Sie lieben »Outdoor-Aktivitäten«, aber »Outdoor-Arbeit« lehnen sie ab. Sie wurden von den hohen Sozialleistungen demotiviert und von den modischen Parolen (»Selbstverwirklichung«, »bedingungloses Grundeinkommen«), die die gesellschaftliche und wirtschaftliche Zukunft Europas schönreden, sodass viele sogar ihre erlernten Berufe nicht mehr ausüben. Und während die Zuwanderung damit gerechtfertigt wird, dass Europa einen Mangel an Arbeitskräften habe, finden in den Mittelmeerländern mehr als fünfzig Prozent der Jugendlichen keine Arbeit (oder suchen sie erst gar nicht).

Auf strukturelle Ungleichgewichte des Arbeitsmarkts antwortete seit Ende der fünfziger und Anfang der sechziger Jahre die Migration der Türken (überwiegend nach Deutschland) und der Nordafrikaner (überwiegend nach Frankreich). Spezifisch war die Situation in Großbritannien und in den Benelux-Ländern. Damals hatte Europa Bedarf an billigen Arbeitskräften. Aber heute? Passt die Qualifikation der jetzigen Migranten überhaupt zu den in Europa offenen Stellen? Aufgrund der verfügbaren Daten fürchten wir, dass das nicht der Fall ist. In der Vergangenheit kamen oft arbeitswillige Menschen, aber jetzt kommen andere ... Das Argument, die strukturelle Arbeitslosigkeit mit Migration beheben zu können, ist jedenfalls nicht belastbar.

ad 2) Ähnliche Zweifel haben wir auch gegenüber dem zweiten Argument zugunsten der Massenmigration. Es ist bekannt, dass das demographische Wachstum Europas seit Jahrzehnten gegen null geht. Man spricht davon, dass Europa einen »demographischen Wandel« erlebe und es daher nötig sei, die Einwohnerzahlen durch Ansiedlung aus dem Ausland zu erhöhen. Das klingt zunächst vernünftig, denn das minimale Wachstum und die Alterung der europäischen Bevölkerung sind zweifellos ein ernstes Problem. Eine tragfähige Lösung sieht trotzdem anders aus.

Uns leuchtet es nicht ein, dass manchmal (sogar recht leichtsinnig und populistisch) von einer »demographischen Katastrophe« gesprochen wird. Die europäische Bevölkerung altert, das ist richtig, aber sie stirbt nicht aus. Dort, wo wirklich ein akutes demographisches Problem besteht, liegt das nicht an »der Demographie«, sondern an Ideologien, die die traditionelle Familie angreifen und die natürliche Verschiedenheit von Mann und Frau wegreden. An Ideologien, die für »Vielfalt«, Emanzipation und gegen eine angebliche Diskriminierung der Frau kämpfen, an Ideologien, die mit Gender-Mainstreaming-Gefasel kinderreiche Familien verhindern und vieles mehr. Das alles hat nichts mit Migration zu tun.

Wir geben zu, dass die demographischen Prognosen für Europa nicht gerade rosig aussehen. Alterung und Rückgang der Bevölkerung haben aber längst ihren Lauf genommen, ohne in eine Tragödie zu münden. Die natürlichen Anpassungsmechanismen und Restrukturierungsmaßnahmen setzen sich selbsttätig in Gang; sie brauchen den Staat nicht.

Europa leidet jedenfalls nicht an Unterbevölkerung. Wir weisen die Vorstellung ganz entschieden zurück, dass es eine Planzahl von Menschen gäbe, die unseren Kontinent zu bevölkern hätten. So etwas kann nur dem weltfremden Denken eines Sozialingenieurs entspringen. Darüber hinaus waren alle früheren Populationen Europas weitaus weniger zahlreich als die heutige, ohne dass es deswegen zu einer demographischen Katastrophe gekommen wäre. Wenn es Probleme gab, dann nur wegen eines explosiven Wachstums der Bevölkerung. Wenn die Zahl der Europäer in Zukunft wirklich dauerhaft sinkt, stellt uns das nur vor andere Probleme, als wir sie heute haben. Ein Untergang wäre es sicher nicht.

Vor allem: Die Demographen können zwar auf Basis der heutigen Daten eine lineare Entwicklung extrapolieren, was übrigens nicht besonders schwer ist, aber Umbrüche und Trendwenden können sie nicht vorhersagen. Sind die heutigen Trends ewig? Wir glauben, nein.

Wie oft wurden wir in unserem Leben schon vor nahenden und vermeintlich sicheren demographischen

Katastrophen gewarnt! Manche erinnern sich bestimmt noch an das Buch *The Population Bomb* (dt. *Die Bevölkerungsbombe*) von Paul Ehrlich aus dem Jahre 1968. Dieses Buch hat die bis heute anhaltende Revolution des Umweltbewusstseins ausgelöst (die eher eine Revolution gegen den Menschen und seine Freiheit ist, eine Konterrevolution also), es hat den *Club of Rome* und sein Nachdenken über *Die Grenzen des Wachstums* (1972) inspiriert und die absurde Doktrin von der menschengemachten globalen Erwärmung mit vorbereitet. Aber damit kein Missverständnis aufkommt: Ehrlich und seine Anhänger warnten vor der Gefahr eines übermäßigen Bevölkerungswachstums, nicht eines Rückgangs. Beide Warnungen schaden also mehr als sie nützen.

Überflüssig zu sagen, dass alle Extrapolationen nur *ceteris paribus* gelten, also nur unter gleichbleibenden Bedingungen. In diesem Fall heißt das: wenn das heutige Verhalten der Europäer sich nicht ändert. Aber warum sollte es das nicht tun? Wie viele demographische Schwankungen und Experimente staatlicher Einflussnahme auf die Bevölkerungsentwicklung haben wir nicht schon erlebt! Trotz der aktuellen Entwicklung ist Europa immer noch der am dichtesten besiedelte Kontinent der Welt und wird es noch lange bleiben. Ist eine höhere Bevölkerungsdichte besser für die Menschheit? Soll Belgien unser Vorbild sein? Oder doch lieber Kanada? Sind mehr Menschen pro Quadratkilometer ein Wert an sich? Fußt nicht die ganze Doktrin von der Malthusianischen Falle (der Theorie, dass die Bevölkerung schneller wächst als die Nahrungsmittelproduktion) auf reiner Angst vor zu vielen Menschen? Jedenfalls hat sie sich bislang als Irrtum erwiesen.

Fragen dieser Art gibt es viele. Haben wir entsprechende Antworten? Juncker und Merkel scheinen das von sich zu glauben. Wir müssen also weiterfragen. Ist unsere demographische Krise (bzw. die Armut an Kindern) nicht ein einziges Wohlstandsproblem, das auf die hohen Pro-Kopf-Einkommen zurückgeht? Und werden Kinder nicht deswegen als »inferiores Gut« betrachtet, dessen Wert in schlechten Zeiten ansteigt? Werden sie nicht längst als eine Art Ware angesehen, die bei weiterhin wachsenden Einkommen eine weiterhin sinkende Nachfrage erleben wird? Und warum wird gegen diese Entwicklung nichts unternommen? Welche Rolle spielt dabei die vorsätzliche und gut organisierte Attacke auf die traditionelle Familie seitens der Anhänger der »LGBT«-Bewegung der Lesben, Schwulen, Bi- und Transsexuellen, die wiederum von der amerikanischen Regierung energisch unterstützt wird? Die demographische Krise ist jedenfalls eine komplizierte Sache. Man kann sie nicht derart naiv mit Hilfe einer Massenmigration abwenden.

Die Europäische Union hat das Aufkommen der Massenmigration seit 1995 im sogenannten Barcelona-Prozess der »Euro-mediterranen Partnerschaft« (EURO-MED) vorweggenommen. Wir Mitteleuropäer nahmen diese Entwicklung damals nur am Rande zur Kenntnis, weil wir in jenen Jahren hauptsächlich mit der – ohne Russland leider schlecht konzipierten – EU-Osterweiterung beschäftigt waren. Bereits im Rahmen des Barcelona-Prozesses wurde die Idee fixiert, die europäische Bevölkerung durch großzügige Migration aus arabischen und nordafrikanischen Ländern aufzustocken. War das nicht sehr vorausschauend? Folgen die heutigen Migranten nicht genau diesem Plan?

Solange wir uns nicht anmaßen, Gott zu spielen, sollte die demographische Entwicklung natürlichen Prozessen überlassen bleiben. Sie sollte von keinem Menschen und von keiner noch so »kompetenten« politischen Institution organisiert werden, schon gar nicht von der Europäischen Kommission. Wir wiederholen: Jegliche Akzeptanz der Migration als eines Mittels zur bewussten Steuerung der demographischen Entwicklung müsste auf der Voraussetzung beruhen, dass allen Zuwanderern wie ein *billet d'entrée* die Bereitschaft zur Assimilation abverlangt wird. Die Bereitschaft zur Aufnahme durch die gastgebenden Länder müsste ausschließlich von der individuellen Einstellung der Zuwanderer abhängen, und diese Einstellung müsste von unzweifelhaftem Respekt vor Zivilisation, Kultur und Traditionen des gastgebenden Landes zeugen. Nichts davon gilt im Kontext des heutigen Massenansturms auf Europa.

Demographische Probleme mit Migration zu lösen ist weder möglich noch wünschenswert. Angesichts der unterschiedlichen Charakteristika der jeweiligen Völker und Ethnien droht dieses Spiel mit dem Feuer die heutige Struktur der europäischen Bevölkerung total zu zersetzen. Sollte auch nur einer der Verantwortlichen es wagen, so etwas anzustreben? Sollten wir es ihm erlauben? Jeder vernünftige Mensch kann das nur verneinen. Versuchen wir also gar nicht erst, die unkluge Einladung an die Migranten, die zu ihrem Ansturm auf Europa geradezu aufgefordert wurden, nachträglich mit der demographischen Situation in Europa zu entschuldigen oder zu rechtfertigen ... Wir haben die Populationsstruktur erwähnt. Ist denn niemandem aufgefallen, dass nur jene Länder ein größeres Bevölkerungswachstum aufweisen können, die in den vergangenen Jahrzehnten viele Migranten aufgenommen haben? Ist das nicht eine Warnung?

Es hat keinen Sinn, die Öffnung Europas für die Massenmigration mit moralischen Argumenten der »Nächstenliebe«, mit Appellen an die »Solidarität« und mit einem zur Schau gestellten Altruismus zu rechtfertigen und die einen Europäer als ehrlicher, selbstloser und besser hinzustellen als die anderen (als uns). Zumal es paradox ist, dass keiner von den »Besseren« etwas dagegen hat, die armen und zerrütteten Ursprungsländer der Migranten um einen wesentlichen Teil ihrer jungen Population zu bringen – und zwar um den wohlhabenderen und qualifizierteren. Und dann wählen wir auch noch die aus, die wir am besten gebrauchen können? Auch das ist höchst unmoralisch. Das gab es in der Geschichte schon einmal.

VII.
DIE PROBLEME DER MASSENMIGRATION
UND DIE HOHLE RHETORIK DER
EUROPÄISCHEN ELITEN

Wir müssen das verbreitete Moralisieren (das an die Stelle der Moral tritt) zurückweisen und uns bemühen, die dringenden Themen von heute sachlich und ernsthaft zu diskutieren. Während unsere glühenden Moralapostel ihre Bedeutung und ihren Edelmut weit überschätzen, fällt ihnen nichts weiter ein, als aus besorgten Kritikern der Massenzuwanderung (aus uns und damit der Mehrheit der normalen Bürger) xenophobe, ängstliche Faschisten zu machen, die mit Vorurteilen und öffentlicher Stimmungsmache Rattenfängerei betreiben würden. Weit gefehlt. Wir stützen uns auf den gesunden Menschenverstand, auf historische Erfahrungen und auf eine skeptische, nicht progressistische Zukunftsauffassung, wie sie von der Mehrheit der Leute auf der Straße geteilt wird – leider mit Ausnahme der progressistischen Visionäre.

Paradoxerweise leidet das europäische Alltagsleben an allen Ecken und Enden unter einer Art Supervorsorge, die mit rationaler Risikovermeidung kaum noch etwas zu tun hat. In ihrem Namen wird Europa mit immer neuen Regulierungen überzogen, was viele durchaus selbstverständliche menschliche Aktivitäten immer mehr behindert und erschwert. Seltsamerweise bleibt zugleich der ganze Bereich der Zuwanderung von jeglichen Bemühungen um Gefahrenprävention ausgenommen. In Bezug auf die Migration ist es geradezu verboten, nach den Kosten zu fragen und über die Risiken informiert werden zu wollen. »Packungsbeilagen« gibt es nicht. Die Vorsicht als solche scheint tabu zu sein.

Das ist durchaus absurd. In der gegenwärtigen EU kann kein bedeutenderes Bauprojekt ohne eine umfangreiche »Umweltverträglichkeitsprüfung« realisiert werden, die die Auswirkungen auf die »umweltbezogenen Schutzgüter« wie menschliche Gesundheit, Tiere, Pflanzen, biologische Vielfalt, Boden, Wasser, Luft, Klima, Landschaft, Kultur- und sonstige Sachgüter »sowie die Wechselwirkung zwischen diesen« ermittelt und bewertet. Alles, was das menschliche Leben negativ beeinflussen kann, wird einer vielfachen administrativen, fachlichen oder auch gerichtlichen Untersuchung unterworfen. Aber das Experiment der Ansiedlung von Hunderttausenden bis Millionen meist unbekannter Menschen, die einer vollkommen anderen Kultur und Zivilisation angehören, wird von jeglicher seriöser öffentlicher Beurteilung ausgenommen. Es ist geradezu verboten, diese Tatsache auch nur anzusprechen. Wer es dennoch tut, muss sich gefallen lassen, den Status des wahren Europäers oder geachteten Bürgers zu verlieren. Er wird einem brutalen öffentlichen Druck ausgesetzt, der auch vor seinem Arbeitsplatz oft nicht haltmacht. Bis jetzt.

Mit großer Wahrscheinlichkeit ist zu erwarten, dass die kurzfristige Ankunft von Hunderttausenden oder Millionen fremder Menschen – die ihren Höhepunkt noch nicht erreicht hat – in der ihnen fremden und auf sie nicht vorbereiteten neuen Umgebung eine ganze Reihe von enormen Komplikationen und Problemen auslösen wird. Art und Umfang dieser Probleme kann jeder aus den jahrzehntelangen Erfahrungen mit der Nachkriegsmigration Hunderttausender von Menschen aus den Entwicklungsländern nach Westeuropa ableiten. Sie weist einige Ähnlichkeiten zur aktuellen Migration auf, ist aber um ein Vielfaches langsamer verlaufen.

Die Möglichkeit, Millionen von Muslimen in die europäische Gesellschaft zu integrieren, also die Chance ihrer Assimilation, ist gering. Sie kommen nicht hierher, um Deutsche, Franzosen, Tschechen oder Schweden zu werden, sondern um ihre bisherige Lebensweise fortzusetzen, allerdings bei mehr Sicherheit und größerem Wohlstand, als sie es von zu Hause gewohnt sind. Dieses hohe Maß an Sicherheit und materiellem Wohlergehen soll ihnen – ohne das geringste eigene Verdienst – der europäische Sozialstaat gewähren. Ihrem Benehmen in den Asylunterkünften sowie auf Sozial- und Arbeitsämtern zufolge glauben sie, einen Anspruch darauf zu haben. Einen solchen Anspruch gibt es selbstverständlich in keiner Gesellschaft dieser Welt. Darüber hinaus ist zu erwarten, dass die Anpassungsschwierigkeiten der Migranten eine Ausweitung der Parallelgesellschaften, d. h. ein massenhaftes Entstehen von Ghettos, unvermeidlich machen wird, in denen sie Unterstützung und Geborgenheit finden.

In diesem Zusammenhang ist zu erwähnen, dass der Islam die Eingliederung in die europäische Gesellschaft besonders kompliziert macht. Der Islam ist nicht nur eine Religion in dem Sinne des Worts, den wir ihm aufgrund unserer eigenen europäisch-christlichen Tradition und Geschichte beilegen. Der Islam ist ein großer Komplex von religiösen Vorstellungen und Gesetzen, die das gesellschaftliche Funktionieren und individuelle Verhalten regeln, wobei als integraler Bestandteil dazu die Scharia gehört. Der Islam ist universalistisch und nimmt für sich sowohl die überlegene Wahrheit als auch die Dominanz über die Gesellschaft in Anspruch. Er ist das Fundament einer sehr kompakten, eigenständigen Zivilisation von tiefer Tradition und hoher kultureller Homogenität. Deswegen ist er sehr resistent gegenüber fremden Einflüssen und Assimilationsbemühungen anderer.

Dies alles macht den Glauben an ein konfliktloses Zusammenleben der mehrheitlich christlichen oder atheistischen Europäer mit der großen Masse der neu angekommenen muslimischen Immigranten zur Utopie. Die Verschiedenheit und die geringe Kompatibilität des von ihnen mitgebrachten Lebensstils und Wertekanons mit dem modernen Europa werden die Tendenz zur Entstehung von Ghettos und orientalischen Enklaven auf europäischem Boden verstärken. Die Immigrantenghettos werden keine Oasen jener multikulturellen Gesellschaft sein, nach der sich die europäischen Progressisten sehnen. Aber wer weiß, ob das wirklich ihr Traum ist – vielleicht tun sie auch nur so. Entstehen wird jedenfalls etwas anderes, und zwar eine parzellierte, fragmentierte Gesellschaft, die – allen erhofften Vorteilen zuwider – einen großen Nachteil haben wird. Die Beziehungen zwischen diesen Parallelgesellschaften werden nicht harmonisch auf wechselseitige »Bereicherung« angelegt sein, sondern immer feindlicher und antagonistischer werden. (Dasselbe ist seit langem an den unnatürlichen und aufoktroyierten Einigungsprozessen in der heutigen Post-Maastricht-EU zu beobachten.)

Die derzeitige Immigration wird Europa bei extrem hohen finanziellen und gesellschaftlichen Kosten nicht etwa eine gesellschaftliche Wiederbelebung oder neue Harmonie bescheren, sondern im Gegenteil kaum zu bewältigende Konflikte. Es wird zu einer umfassenden

Radikalisierung innerhalb der fragmentierten Gruppen und in ihren gegenseitigen Beziehungen kommen, die das Potential birgt, alles zu vernichten, was auf dem Wege der europäischen Integration in den letzten mehr als fünfzig Jahren erreicht wurde. Alle großen Sozialexperimente der Geschichte haben sich binnen kürzester Zeit in entsetzliche Katastrophen verwandelt. Der nahöstlichen Masseneinwanderung nach Europa, organisiert von den wohlmeinenden europäischen politischen Eliten der Gegenwart, droht dasselbe Schicksal.

VIII.
DIE MASSENMIGRATION ALS VORWAND FÜR NOCH MEHR EUROPÄISCHEN ZENTRALISMUS

Manche westlichen Politiker in Europa und Amerika vertreten regelmäßig die zynische These, dass es eine Sünde wäre, nicht jede Krise zur Durchsetzung von Maßnahmen zu nutzen, die unter normalen Bedingungen nicht durchsetzbar wären. Das oben Gesagte hat hoffentlich überzeugend belegt, dass der seltsam künstliche, nicht nur spontane, sondern von außen initiierte, wenn nicht sogar aktiv eingeleitete Ansturm der nahöstlichen, afrikanischen und asiatischen Einwanderer auf die Länder der Europäischen Union ein großes und ernstes kulturelles, gesellschaftliches, ökonomisches und sicherheitspolitisches Problem ist – also eine Krise. Und diese Krise wird (schon jetzt) zur Durchsetzung ganz anderer, sachfremder Maßnahmen und zum Erreichen ganz anderer, sachfremder Ziele genutzt.

Ohne die Bedeutung des Migrationsproblems bagatellisieren zu wollen (das haben wir auch in den bisherigen Kapiteln nicht getan), ist es leider unumgänglich, seinen gleichzeitig stattfindenden Missbrauch zu benennen und zu beschreiben. Laut und deutlich muss der an Gewissheit grenzende Verdacht ausgesprochen werden, dass die heutige Massenmigration den führenden europäischen Politikern enorm gut ins Konzept passt.

Keinem aufmerksamen Beobachter der europäischen Entwicklung seit den sechziger Jahren des vorigen Jahrhunderts kann entgangen sein, dass noch jedes Problem in Europa und jede Krise des europäischen Integrationsprozesses von den Brüsseler Eliten sofort zum Ergreifen von Maßnahmen genutzt wurde, die mit diesen Krisen gar nicht unmittelbar zusammenhingen, aber den langfristigen politischen Zielen der Brüsseler Eliten dienten.

Es geht ihnen um nichts anderes als um die Intensivierung der laufenden Zentralisierungs- und Einigungsprozesse. Die angestrebten »Nebeneffekte« sind bei der Migrationskrise sogar noch deutlicher zu erkennen als beispielsweise bei der griechischen Schulden- oder bei der Euro-Krise.

Die Spitzen der EU halten für jede neue Krankheit, die sie mit ihrem übermäßigen Einigungsdruck auslösen, nur ein einziges Medikament bereit: die Eskalation dieses Drucks. Deswegen ist es auch jetzt kein Zufall, dass wir anstelle von pragmatischen Beschlüssen, die sich aus Analysen der gegenwärtigen Probleme ergeben, wiederholt Phrasen hören wie die, das Rezept sei »noch mehr« Europa, also noch mehr Zentralisierung und noch weniger Demokratie.

Wir, die Autoren, sind nicht so paranoid zu behaupten, dass die heftige Explosion des Migrationsproblems ursächlich von dem Versuch ausgelöst wurde, einen möglichst triftigen Grund für das weitere Anziehen der europäischen Integrationsschrauben zu finden. Die Wahrheit ist bestimmt komplizierter. Wir sind aber davon überzeugt, dass die aktuelle Einwanderungskatastrophe den Liquidatoren der nationalstaatlichen Souveränität der EU-Mitgliedsländer sehr gelegen kommt und dass sie sie zu diesem Zweck benutzen und weiter benutzen werden.

Tagtäglich erfahren wir von neuen Vorschlägen bezüglich einer von Brüssel befehligten EU-Polizei und eines zentralen Krisenmanagements, von Plänen, die Subventionspolitik als Druckmittel gegen »ausscherende« Regierungen zu verwenden oder noch mehr Entscheidungen der Einstimmigkeit zu entziehen und dem supranationalen Mehrheitsprinzip zu unterwerfen. Wo ist das in Brüssel einst so beliebte Wort »Subsidiarität« geblieben? Man definiert einfach ein EU-weites (sie sagen »europaweites«) Problem, und dafür braucht man dann *noch mehr* unionsweite Kompetenzen und Instrumente, *noch mehr* unionsweite Immigrations-, Sicherheits- und Sozialpolitik sowie *noch mehr* zentralisierte unionsweite »Mechanismen«, damit die Brüsseler Exekutive nicht an so »kleinlichen« Hindernissen wie Demokratie und nationaler Souveränität scheitert. Dafür sei es nötig, so heißt es, *noch mehr* »Kompetenzen« von den Nationalstaaten auf die europäische Ebene zu verlagern. Dass das auf dem ganzen Kontinent auftauchende Problem in Wahrheit gar nicht einer zentralen, vom Zentrum organisierten Lösung bedarf, hat uns die Erfahrung mit dem Kommunismus mehr als hinreichend bewiesen.

Vielleicht glauben manche Leute bei uns und auch in anderen europäischen Ländern, dass sie das Phänomen der illegalen Masseneinwanderung nicht unmittelbar betreffe und nicht betreffen werde, dass die bisherigen Zahlen und Quoten doch gar nicht so hoch seien und dass die Gesellschaft viel mehr Einwanderer integrieren könne, als gegenwärtig Flüchtlinge an den Außengrenzen lauern. Das ist sehr kurzsichtig. Die Maßnahmen zur Verschärfung des europäischen Zentralismus betreffen uns alle schon heute, unter welchem Vorwand auch immer sie durchgesetzt werden mögen.

SCHLUSSWORT

Auch die größten Anhänger der Zuwanderung müssen einsehen, dass die Welle der Massenmigration, die Europa 2015 erreicht hat und die sich in den kommenden Jahren fortsetzen wird, ein ganz fatales Phänomen ist – mit unermesslichen Risiken für die einzelnen europäischen Länder, für die Verhältnisse innerhalb der Europäischen Union und sogar für die Migranten selbst. Und vor allem für uns, die wir hier in Europa leben. Noch dazu führt der Migrationsprozess zu einem Schneeball-Effekt. Den heutigen Hunderttausenden werden sich Millionen weiterer »Flüchtlinge« anschließen, gegen die sich Europa früher oder später wird wehren müssen, wenn es nicht von der schieren Masse überrollt werden will. Dafür ist es eigentlich schon zu spät.

Wir betonen, dass der europäische Sozialstaat, der die Migranten anzieht, langfristig nicht zu halten sein wird. Wir warnen vor der verderblichen Praxis des heuchlerischen Wohlfahrtsgetues und der politischen Korrektheit, die jede rationale Politik und sinnvolle öffentliche Diskussion liquidiert, sowie vor den abwegigen Plänen, den ganzen Kontinent in einen EU-Superstaat zu verwandeln. Die Migrationskrise ist das aktuelle Bindeglied all dieser verhängnisvollen Tendenzen, die sie zugleich an den Tag bringt. Auch den Leuten, die sich bisher nicht mit Politik befasst haben, verdeutlicht die erschreckende Dynamik der Migrationskrise die auf uns zukommenden Unsicherheiten und Gefahren – die uns drohen, falls die aktuelle Entwicklung nicht schnellstens gestoppt wird.

Die Mainstream-Medien lassen sich natürlich nicht beirren und vergießen heiße Tränen der Barmherzigkeit, Solidarität und Opferbereitschaft, um uns zu erweichen.

Zugleich beleidigen und stigmatisieren sie mit aller Härte diejenigen als »fremdenfeindlich« und »rassistisch«, die es wagen, Zweifel anzumelden, die sich nicht fürchten, an die Vernunft ihrer Mitbürger zu appellieren, und die sich bemühen, die unproduktive Kakophonie der Humanitätsduselei wenigstens mit einem kleinen Kontrast zu versehen, indem sie die aktuelle Lage hinsichtlich ihrer Ursachen und Folgen rational analysieren und Auswege skizzieren. Das war auch das Motiv für die Entstehung dieses Buches. Es entstand zu Beginn des Dramas, das Europa in der Ära dieser neuen Völkerwanderung erleben wird. Wie das Drama ausgeht, hängt von jedem von uns ab.

»Was tun?«, fragen sich jetzt viele, die ebenso klar denken wie wir. Auf diese klassische Frage des russischen Schriftstellers und Revolutionärs Nikolai Tschernyschewski können wir im heutigen Europa, das den Ernst der Lage noch gar nicht erkannt hat, nicht mit einer Aufzählung konkreter Schritte antworten. Das würde einen grundsätzlichen Sinneswandel voraussetzen, ein Umdenken der derzeitigen politischen Führung in den maßgeblichen Ländern der EU. Erst danach wäre es sinnvoll und möglich, konkrete Maßnahmen vorzuschlagen und eventuell auch zu realisieren. Bis dahin sollten wir in unserem jeweiligen Land von der Regierung und der parlamentarischen Opposition Folgendes fordern:

- Sie mögen Vorstellungen ablehnen, wonach Europa (und die Europäische Union) das Eigentum Frau Merkels und »ihrer« Brüsseler Administration seien und Differenzen zu ihrer Politik angeblich auf eine

»Ablehnung der europäischen Werte«, auf Sympathien für rechtsradikale Kräfte sowie auf Undankbarkeit und einen Mangel an Solidarität schließen lassen.

– Sie mögen begreifen, dass es um das Überleben der Nationalstaaten geht, und deshalb mögen sie verhindern, dass die Migration zum Vorwand für weitere Zwangsmaßnahmen gegen die Selbständigkeit und die Souveränität der Nationalstaaten wird.

– Sie mögen die Fiktion einer »europäischen Lösung« der Migrationskrise ablehnen und kompromisslos auf der Priorität nationaler Lösungen bestehen, um sich von niemandem Migranten aufzwingen zu lassen.

– Sie mögen die falschen Klischees ablehnen, dass die Aufnahme von Migranten ein Akt der Menschlichkeit sei, eine Rettung von Menschen aus Lebensgefahr, denn mehrheitlich kommen die »Flüchtlinge« aus Ländern oder Regionen, in denen ihr Leben nicht direkt gefährdet ist.

– Sie mögen die Einhaltung der bestehenden europäischen und internationalen Verträge sowie des geltenden Asylrechts verlangen und jegliche diesbezügliche Änderungen mit einem nationalen Referendum absichern.

– Sie mögen sich Verbündete wie die Visegrád-Gruppe, einzelne deutsche Bundesländer und einige Balkanstaaten suchen, sich sowohl den politischen Druck als auch die Drohungen seitens der führenden europäischen Staaten verbitten und sich nicht durch die europäische Subventionspolitik erpressen lassen.

– Die jeweilige Regierung möge eine transparente Politik verfolgen, die heimische Öffentlichkeit intensiv informieren und sich nicht fürchten, sich auf sie zu stützen.

Die politische Erfahrung lehrt uns, dass insbesondere zwei realistische Szenarien drohen, wenn die politischen Führungen Tschechiens und der anderen europäischen Länder aus welchen Gründen auch immer nicht die Kraft oder den Mut finden, sich an die genannten elementaren Forderungen zu halten:

a) Die Unzufriedenheit und die Befürchtungen der Öffentlichkeit werden sich in immer radikaleren Einstellungen ausdrücken, die schließlich – in Tschechien und im übrigen Europa – zu Verwerfungen führen, die den politischen Status quo über den Haufen werfen und zu weiteren Eskalationen führen.

b) Die Proteste werden durch Repressionen unterdrückt, was die Fundamente des demokratischen Systems in den EU-Ländern bedrohen und wiederum zu einer Welle von unkontrollierbarem Radikalismus führen wird – mit Folgen, über die man lieber nicht nachdenken möchte.

Verschiedene Varianten dieser Szenarien werden auf jeden Fall zum Verlust jeglicher Glaubwürdigkeit der derzeitigen politischen Repräsentanten und zu Versuchen der Öffentlichkeit führen, die »Dinge in die eigene Hand zu nehmen«, also mit anderen Mitteln zu reagieren als mit den Verfahren der parlamentarischen Demokratie.

Wollen wir uns dieser Gefahr wirklich aussetzen? Ist es nicht besser, die Notbremse zu ziehen und im Einklang mit den natürlichen Interessen der Bürger zu handeln, die sie immer lauter artikulieren? Wir sind davon überzeugt, dass es keinen anderen Ausweg aus der aktuellen Lage gibt – sofern wir nicht wollen, dass sich die in Europa nahezu entleerten Begriffe »Ausnahmezustand« und »Krieg« wieder mit einem konkreten bedrohlichen Inhalt füllen.

Das will hoffentlich niemand von uns.

Oder doch?

POSTSCRIPTUM

Wir hatten das Manuskript dieses Buches bereits abgegeben, als der blutige Freitag, der 13. November 2015, kam. 130 Tote und 352 Verletzte, davon 97 Schwerverletzte, widerlegen auf denkbar grausame Weise den kindlichen Traum von einer multiethnischen und multikulturellen Gesellschaft in Europa. Die Mörder mit ihren arabischen Namen und europäischen Pässen – in europäischen und tschechischen Medien politisch korrekt als »Franzosen« und »Belgier« bezeichnet – haben gezeigt, dass sie weder Franzosen oder Belgier waren noch jemals werden wollten und dass sie die europäischen Länder, in denen sie geboren sind und in denen sie gelebt haben, samt ihren einheimischen Bewohnern zutiefst hassen.

Die Reaktion der europäischen Politiker auf die Pariser Mordanschläge symbolisiert sehr anschaulich den grundsätzlichen Streit um die Zukunft Europas und der EU, in dem die Frage der Massenmigration nur einer von vielen Aspekten ist. Der in Europa herrschende, von Jean-Claude Juncker und Angela Merkel repräsentierte Mainstream lehnt eine Reflexion und Revision der bisherigen einwanderungsfreundlichen Politik ab. Die über einhundert Toten sind für sie offensichtlich nur ein Preis für den Fortschritt des großen »Projekts Europa«. »Vor allem nicht die Nerven verlieren«, so lautete die groteske, bis zur Selbstverachtung weltfremde Sprachregelung der europäischen Medien, und: »Wir machen weiter wie gehabt, denn alles andere wäre ein Sieg der Terroristen.« Hinzu kam wie immer der Ruf nach »mehr Europa«, diesmal ergänzt um die Forderungen nach einer gemeinsamen Asylpolitik und einem gemeinsamen Schutz der Schengen-Außengrenzen.

Unter gemeinsamer Asylpolitik und gemeinsamem Grenzschutz stellt sich jener Teil der europäischen Öffentlichkeit, der sich seinen gesunden Menschenverstand bewahrt hat, etwas durchaus anderes vor als die regierenden Politiker. Die europäische Öffentlichkeit will die Migrationswelle stoppen und die Zahl der Migranten, die nach Europa kommen, senken. Die Politiker wollen etwas völlig anderes, und in ihren Reaktionen auf die Anschläge haben sie es auch offen ausgesprochen – sie wollen den Zufluss der neuen Einwohner in die EU »regulieren«, legalisieren und administrativ vereinfachen. Von einem Stopp ist keine Rede.

Für die große Mehrheit der Europäer sind die Pariser Mordanschläge ein Menetekel und zugleich ein Beweis für die Überlebtheit der bisherigen multikulturellen Ausrichtung Europas. In der heutigen Situation muss der gemeinsamen Asylpolitik ein entschlossenes NEIN erwidert werden. Sollte die EU weiterhin in den Händen von Juncker und Merkel bleiben, dann liegt die einzige Hoffnung auf dem Schutz der eigenen Grenzen. Dulden wir keinerlei Schwächung unserer Souveränität. Tote gab es schon genug.

ÜBER DIE AUTOREN

VÁCLAV KLAUS ist eine der herausragenden Persön-
lichkeiten der neueren tschechischen Politik. Klaus war
Finanzminister (1989–1992), Ministerpräsident (1992–
1998), Vorsitzender des Abgeordnetenhauses (1998–
2002) und zuletzt Präsident der Tschechischen Republik
(2003–2013). Mit seinem Namen sind die bedeutendsten
Ereignisse des jungen Staates verbunden, wie z. B. die
ökonomische und gesellschaftliche Transformation und
die Teilung der Tschechoslowakei. Klaus, ursprünglich
Wirtschaftswissenschaftler, ist Autor zahlreicher Bücher,
Artikel und Aufsätze und ist mit seinen festen und klaren
Stellungnahmen eine unverzichtbare Stimme in den eu-
ropapolitischen Debatten, inzwischen auch mittels eines
Forschungsinstituts in Prag, das seinen Namen trägt.

JIŘÍ WEIGL, ausgebildeter Ökonom und Arabist, gehört
zu den engsten Wegbegleitern von Václav Klaus. Ab Anfang der neunziger Jahre war er als sein wichtigster Be-
rater im Finanzministerium, danach im Büro des Mini-
sterpräsidenten und auch im Parlament tätig. Zehn Jahre
lang (2003–2013) war Weigl Chef der Präsidialkanzlei.
Der ausgewiesene Wissenschaftler publizierte mehrere
Fachbücher sowie zahlreiche Artikel und Aufsätze zu
politischen, ökonomischen und historischen Themen.
Heute ist Weigl Exekutivdirektor des Václav Klaus Insti-
tuts in Prag.

AUS DER EDITION SONDERWEGE

Michael Klonovsky
DIE LIEBE IN ZEITEN DER LÜCKENPRESSE
Reaktionäres vom Tage –
Acta diurna 2015

»Wir schaffen das!« war ursprünglich
der Ausruf Michael Klonovskys beim Anblick
seines ersten Käsewagens in einem französischen
Restaurant. Seitdem hat sein caesarisches Diktum es
weit gebracht. So weit, dass der Urheber sich mittlerweile
an sein Leben im Sozialismus erinnert fühlt: »2015 ist das
DDR-ähnlichste Jahr meiner seit 1990 gesamtdeutsch-
bundesrepublikanischen Existenz«, schreibt Klonovsky
in seinem neuen Band der Acta diurna. Das Jahr der
Bereicherung markiert die Teilung des Landes in einen
guten, hellen, aufgeklärten, ewigmorgigen und in einen
angeblich dunklen, dumpfen, gefährlichen, ewiggestrigen
Teil, einstimmig verkündet und verstärkt durch die
Medienschaffenden der zweiten Deutschen
Demokratischen Republik. Mit seinem heiteren
Scharfsinn protokolliert Klonovsky die Umformung
Deutschlands in eine sozialistische Erziehungs-
demokratur mit halbwegs levantinischem
Antlitz.

394 Seiten, 13 x 20,5 cm,
Softcover, Leseband
ISBN 978-3-944872-28-5

www.manuscriptum.de

LICHTSCHLAG IN DER EDITION SONDERWEGE

Thomas Fasbender
FREIHEIT STATT DEMOKRATIE
Russlands Weg und die Illusionen des Westens

Russland ist ein Ärgernis – zu diesem Schluss
kommen die westlichen Eliten in Politik und Medien.
Eindrucksvoll schildert Thomas Fasbender, wie anders
Russland in der Tat ist. In dreizehn abwechslungsreichen
Kapiteln erzählt er vom Alltag der Russen und von ihrer
dramatischen Geschichte. Er beschwört die Urtümlichkeit
des riesigen Landes zwischen Ostsee und Pazifik, zwischen
Arktis und Kaukasus, und er vermittelt intime Einblicke
in die schicksalsgeprüfte Mentalität seiner Bewohner.
Sein Fazit: Russland will den Weg des Westens nicht gehen,
und Russland wird ihn nicht gehen.
Fasbender, geb. 1957, promovierter Philosoph und
Unternehmer, hat ein Buch mit Herz und Verstand
und in einer besonders schönen Sprache geschrieben,
ein Buch gegen den Strom, das eine fremde,
nahe Welt aufschließt.

*»Wir sind anders als die Russen, und sie sind anders als wir.
Was liegt daher näher, als ihr Anderssein zu verstehen? Aber unsere
Eliten haben Angst, dass den Menschen auf der Straße der russische
Eigensinn am Ende sympathisch ist. Das Beharren darauf,
anders, eben man selbst zu sein.«*
Thomas Fasbender

368 Seiten, 12,5 x 20,5 cm, Klappenbroschur
ISBN 978-3-944872-06-3

www.manuscriptum.de

Edition Sonderwege
© Manuscriptum Verlagsbuchhandlung
Thomas Hoof KG · Waltrop und Leipzig 2016
© für die tschechische Originalausgabe *Stěhování národů –*
Stručný manuál k pochopení současné migrační krize:
Olympia, Prag 2015

Satz: Graphische Konzepte, Mettmann. Gesetzt aus Arno Pro
Umschlag: Frank Ortmann, freies grafikdesign, Potsdam
Druck und Bindung: CPI books, Ebner & Spiegel GmbH, Ulm

Printed in Germany
ISBN 978-3-944872-30-8
www.manuscriptum.de